초등 필수 개념어

참·뜻·말

천천히읽는책_54

초등 필수 개념어 **참·뜻·말**

글 김한민·박철만·이지연·전세란·정용윤·홍경남 | 그림 김지하

펴낸날 2022년 5월 18일 초판1쇄
펴낸이 김남호 | 펴낸곳 현북스
출판등록일 2010년 11월 11일 | 제313-2010-333호
주소 07207 서울시 영등포구 양평로 157 투웨니퍼스트밸리 801호
전화 02)3141-7277 | 팩스 02)3141-7278
홈페이지 http://www.hyunbooks.co.kr | 인스타그램 hyunbooks
ISBN 979-11-5741-306-5 73300

편집 전은남 | 책임편집 류성희 | 디자인 디.마인 | 마케팅 송유근 함지숙
ⓒ 글 김한민·박철만·이지연·전세란·정용윤·홍경남, 그림 김지하 2022

이 책은 저작권법에 의하여 보호를 받는 저작물이므로 무단 전재 및 복제를 금지하며,
이 책 내용의 전부 또는 일부를 이용하려면 반드시 저작권자와 현북스의 허락을 받아야 합니다.

⚠ 주의 종이에 베이거나 긁히지 않도록 조심하세요. 책 모서리가 날카로우니 던지거나 떨어뜨리지 마세요.

초등 필수 개념어

참·뜻·말

김한민·박철만·이지연·전세란·정용윤·홍경남 글
김지하 그림

머리말

어느 날 아이들과 함께 생활하는 여섯 사람이 모였습니다.

"지금 우리 아이들이 꼭 알아야 할 '말'이 뭘까요?"

"교과서에는 나오지 않지만, 아이들과 꼭 이야기하고 싶은 것이 있긴 한데……."

"교과서에 나오는데 설명이 너무 재미없는 것도 있죠."

"너무 쉬워서 후딱 읽고 끝나는 거 말고 천천히 되새겨 볼 수 있는 것도 있으면 좋겠어요."

"말 속에 담긴 진짜 뜻이 뭔지 생각해 보고 싶어요."

그래서 여섯 사람은 아이들과 나누고 싶은 낱말들을 차곡차곡 모았습니다. 세상의 수많은 낱말 가운데 오늘을 사는 우리에게 소중한 말, 함께 그 참뜻을 되새겨 보고 싶은 말을 고르고 골라 '참·뜻·말'이라고 새로 이름을 지어 주었습니다. '참·뜻·말'에서 '참'은 진짜, 본래, 올바름을 담고 있고, '뜻'은 생각, 의미, 바람입니다. 참세상, 좋은 세상을 바라는 마음과 생각을 담아서 가려 뽑은 '말'이라는 뜻도 됩니다.

이야기할 낱말들을 묶어서 '나', '사회', '지구' 세 갈래로 나누었습니다.
'나'에서는 나답게 자라며 다른 사람과 좋은 관계를 맺는 데에 힘을 보태는 말을 골랐어요.
'사회'에서는 여러 사람이 어울려 살아가는 사회를 바라보는 눈을 갖도록 돕는 말을 모았습니다.
'지구'에서는 나와 다른 사람을 넘어, 온 생명이 함께 사는 삶터인 지구를 살펴보는 말을 가려 뽑았어요.

"사랑해!"라는 말을 할 때 사람마다 생각하는 사랑의 모습은 조금씩 다르겠지요? 하나의 낱말마다 사전에서 알려 주는 뜻에 더해서 그 낱말이 품고 있는 다른 뜻, 때로는 숨겨진 뜻을 이야기했습니다. 그동안 내가 알고 있던 것과 뭔가 다르거나 낯설게 느껴진다면 이 책을 꼼꼼하게 잘 읽고 있다는 거예요. 글을 읽으며 자기 생각과 견주어 보고 있다는 뜻이니까요.

말은 우리의 생각을 나타내는 도구이기도 하지만, 말을 통해서 우리의 생각이 자라거나 넓어지기도 합니다. 그러면서 우리는 한 뼘 더 자라납니다. 그래서 이 책을 읽는 특별한 방법이 있어요.

하나, 한꺼번에 여러 글을 읽지 말고 조금씩 천천히 읽으면서 생각해 보면 좋겠어요.

둘, 혼자 읽지 말고 친구나 가족과 함께 읽고, 낱말에 담긴 뜻에 관한 이야기를 나눠 보기 바랍니다.

  셋, 스스로 생각하거나 다른 사람들과 이야기 나누면서 떠오른 그 말에 대한 내 나름의 뜻풀이를 써서 나만의 작은 사전을 만들어 보면 어떨까요?

  이제 책장을 넘기면서 여러분 생각이 자라는 모습이 어떻게 얼굴빛으로 나타날지 무척이나 궁금합니다.

김한민·박철만·이지연·전세란·정용윤·홍경남

| 차례 |

1부 나

나답게 자라며 다른 사람과 좋은 관계를 맺어요

- 탄생　12
- 감정　15
- 말　19
- 생각　22
- 몸　25
- 성　28
- 자아 정체성　31
- 회복 탄력성　34
- 경계 존중　38
- 우정　41
- 가족 다양성　45
- 평화　48
- 죽음　51

2부 사회

여러 사람이 어울려 살아가는 사회를 바라보는 눈을 가져요

- 자기 결정권　56
- 인권　59
- 국가의 의무　63
- 자유와 평등　66
- 주권　69
- 민주주의　72
- 법　76
- 다수결　79
- 선거　82

- 시민 85
- 미디어 88
- 장애 91
- 혐오 표현 94
- 공정 98
- 연대 101

3부 지구

온 생명이 함께 사는 삶터인 지구를 살펴봐요

- 지구온난화 106
- 기후 위기 110
- 기후 정의 113
- 재생에너지 116
- 탄소 중립 119
- 생물 다양성 122
- 지속 가능한 발전 126
- 채식 129
- 육식 132
- 박테리아 135
- 플라스틱 139
- 내분비 교란물질(환경호르몬) 141
- UN 지속가능 발전 목표 144

"
탄생 성
　　　　가족 다양성
생각 몸 경계 존중
자아 정체성
말 감정 우정
회복 탄력성 평화
죽음
"

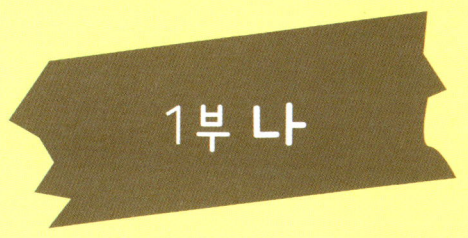

1부 나

나답게 자라며
다른 사람과 좋은 관계를 맺어요

탄생

내가 태어날 수 있게
도와줘서 고맙습니다.

"여러분이 어떻게 해서 태어났는지 알지요? 아빠 몸속에 있던 수억 개의 정자 중에서 가장 먼저 엄마 몸속에 도착한 1등 정자가 난자를 만나서 여러분이 태어났어요. 어려운 일에 처하면 여러분이 치열한 경쟁을 뚫고 태어난 위대한 존재라는 사실을 기억하면서 힘내세요!"

이런 이야기 들어 봤을 거예요. 오랫동안 사람들은 이렇게 생각해 왔고, 아이들에게 이렇게 이야기해 주었죠. 하지만 이를 조금 다르게 볼 수 있어요.

남성의 몸에서 한 번에 나오는 씨물(정액)에는 1억~2억 개의 씨(정자)가 들어 있어요. 씨들은 알(난자)을 만나기 위해서 여성의 몸속에서 긴 여행을 합니다. 자기 몸보다 4,000배나 되는 길고 어두운 굴을 지나가야 하지요. 가는 동안 여성의 몸 안에 있는 산성 물질로 인해 많은 씨가 죽게 됩니다. 먼저 간 씨들은 죽어가면서 산성 물질을 중화시켜, 뒤에 오는 씨들이 앞으로 나갈 수 있게 해 주지요. 알은 씨들이 포기하지 않고 찾아오도록 계속 신호를 보내서 길을 알려 줍니다.

  이렇게 앞서 나간 씨들의 희생을 딛고 알에 도착한 씨들은 알을 감싸고 있는 세포막 안으로 들어가려고 온 힘을 다합니다. 이 과정에서 다시 수없이 많은 씨가 들어가는 길을 내느라 지쳐서 죽지요. 이렇게 겹겹의 희생으로 만든 길을 따라 끝까지 포기하지 않고 온 하나의 씨(쌍둥이일 경우 그 이상)가 알을 만납니다. 알은 씨 하나를 만나서 '씨알'이 되면 곧바로 더 이상 다른 씨가 들어오지 못하게 막을 치지요. 이렇듯 씨와 알이 만나 씨알이 되어 아기로 태어나기까지, 수많은 씨의 희생과 알의 꾸준한 협력이 있었습니다.

그렇다면 우리는 이렇게 수많은 존재의 희생과 헌신과 협력으로 태어난, 정말 귀하고 소중한 존재라고 볼 수 있지 않을까요? 내 씨가 내 알을 만나서 '나'라는 사람으로 태어났고, 이렇게 사람으로 살 수 있게 힘을 나눠 준 수많은 존재에게 고맙다는 인사말 한마디라도 보내 볼까요?

감정

감정은 내가 원하는 것을
솔직하게 보여주는 거울입니다.

지금 이 순간 여러분은 어떤 '감정'을 느끼고 있나요? 우리는 일상에서 매우 다양한 '감정'을 겪으며 살아가고 있어요. 물론 매 순간 자신의 감정을 알아차리기는 어렵지만, 지금 이 글을 읽는 순간에도 여러분은 어떤 감정 혹은 느낌을 가지고 있을 거예요. 주변 환경에 따라, 함께 있는 사람에 따라, 이전에 겪은 일에 따라 각자가 느끼는 감정은 모두 다를 수 있어요.

감정은 내가 원하는 것을 솔직하게 보여주는 거울입니다. 내가 바라는 것이 충족되었을 때 우리는 편안하고 만족스러운 긍정적인 감정을 느낍니다. 반면, 우리가 화가 나거나 불안하거나 불만족스러운 부정적인 감정을 느낄 때는 내가 바라는 것이 충족되지 않았을 때이지요.

부정적인 감정이 올라올 때면 우리는 자신이 겪고 있는 상황이나 주변 사람을 탓하기 쉬워요. 그러나 사실 부정적인 감정은 마음이 내게 보내는 신호입니다. 내 마음을 곰곰이 들여다보면 불편함을 느끼는 순간에 내가 진정으로 바라는 것을 찾을 수 있어요. 부정적인 감정이 일어났을 때 내 마음을 일단 알아차려 보세요. 그리고 내가 무엇을 원하고 있기에 그 마음이 일어났는지 찾아보는 거예요. 그럼 나의 욕구를 해결하기 위한 방법들을 생각할 수 있어요.

예를 들어 친했던 친구와 갑자기 멀어진 느낌이 들어서 서운하고 화나는 감정이 일어나는 상황을 생각해 봅시다. 그때 화가 난 상태 그대로 친구와 다투거나 다른 친구들과 그 친구에 대한 험담을 할 수도 있어요. 그런데 그렇게 화를 내어도 내 마음이 풀리지 않기도

합니다. 내가 진정 바라는 것이 충족되지 않았기 때문입니다.

  서운하고 화나는 감정이 일어나고 있다는 것을 알아차렸을 때, 내가 지금 무엇을 원하고 있는지 찾아봅니다. 친구와 잘 지내고 싶은 마음, 더 깊게는 사랑받고 싶은 마음이 내게 있다는 것을 안다면 그 마음을 친구와 솔직하게 나눌 수도 있고, 내가 사랑을 느끼는 다른 누군가를 떠올리며 스스로 위로할 수도 있겠지요. 그렇게 내 마음을 내가 들어주면 부정적인 감정이 쌓이지 않게 됩니다.

  감정이 항상 우리를 바람직한 방향으로 이끌지는 않아요. 감정에 휩싸이면 나도 모르게 순식간에 어리석은 행동을 하고 후회하기도 합니다. 그렇다고 감정을 억누르거나 참는 것은 좋은 방법이 아닙니다. '내가 이런 감정을 느끼고 있구나' 하고 내가 먼저 받아 주고 내 감정에 공감해 주세요. 내 감정을 알아차리고 자신의 마음을 소중하게 살피는 것은 나를 사랑하는 길입니다.

말

**말을 할 줄 알았던 인류는
말을 통해 '협력'을 할 수 있게 되었어요.**

내가 태어나서 처음으로 한 '말'은 뭐였을까? 벼리는 어느 날 친구들과 수다를 떨며 놀다가 문득 이런 생각이 들었습니다. 벼리가 처음으로 한 말은 '마'라고 했습니다. '엄마'라고 하지 못하고 '마'라고만 했다고 해요. 그다음으로 벼리가 한 말은 '꽃'이라고 합니다. 꽃을 보고도 꽃이라고 했지만, 꽃이 아닌 것을 보고도 꽃이라고 말했다고 해요.

그리고 돌이 지나고 나서는 '저거 뭐야'라고 하면서 묻는 일이 많았다고 했습니다. 세 살 무렵이 되자 밥을 먹거나 놀 때 혼잣말을 하기 시작했다고 해요. 혼잣말로 중얼중얼하는 것이 웃겼다고 합니다. 그리고 쉴 새 없이 떠들었다고 합니다. 아침에 눈 떠서 밤에 잠들기 전까지 쉴 새 없이 떠들었다고 해요.

여섯 살이 되자 잠들기 전에 엄마한테 뻐꾸기 소리 들었냐고 물어봐서 엄마가 어리둥절했다고 했습니다. 자기가 속으로 뻐꾸기 소리를 낸 것을 엄마가 들은 줄로 알았던 것입니다. 한바탕 웃으며 잠이 들었다고 했습니다.

사람은 처음에는 한 낱말부터 말을 시작합니다. 그러다가 하나의 낱말을 두 개 이상의 뜻으로 사용하기 시작하지요. 벼리가 꽃으로 이것저것을 부르는 것처럼요. 그런데 꽃이라고 부른 것들 사이에는 연결 고리가 있습니다. 꽃에 있는 색깔이나 모양이 비슷한 물건을 보고 꽃이라고 부른 거예요. 그러다가 차츰 2~3개의 낱말로 문장을 만들어서 말하기 시작하지요.

여기서 중요한 것은 혼잣말을 하기 시작하는 단계예요. 바깥으로 소리를 내던 말을 자기만 듣기 위해 하기 시작하는 거지요. 혼잣말을 하는 이유는 자기를 통제하기 위해서예요. 또한 문제가 생겼을 때 그것을 해결하기 위한 말이에요.

어른이 되어도 혼잣말을 하는 경우가 있어요. 주변의 어른들을 잘 살펴보세요. 당황하거나 문제가 생겼을 때 "이거 어쩌지?"라고 말하거나 "수건으로 닦아야겠다"라고 혼잣말하는 것을 관찰할 수 있을 거예요.

혼잣말하는 단계가 지나면 이제 속으로 말을 할 줄 알게 돼요. 속으로 말을 한다는 것은 생각과 만난다는 뜻이에요. 이때부터 생각하는 힘이 아주 세어진답니다. 그리고 학교에 들어가서 친구들과 즐겁게 배우면서 논리적인 말과 생각을 완성해 나가는 것입니다. 생각과 말을 완성해 나가면서 스스로 생각하고 판단하고 행동할 줄 아는 인간이 되는 것입니다.

말을 할 줄 알았던 우리 인류는 말을 통해 '협력'을 할 수 있게 되었대요. 사냥감이 어디에 있는지, 어떻게 사냥을 할지를 소통할 수 있게 된 것이지요. 이러한 협력을 바탕으로 지구상에서 우리 인류가 살아남을 수 있게 되었다고 해요.

생각

인공지능이 알아서 다 해결해 줄텐데 굳이 '생각'을 하고 살 필요가 있을까요?

"생각 좀 하고 살아라." 어렸을 때 부모님께 이런 말을 들은 적이 있어요. 여러분도 이런 말을 들은 적이 있나요? 그런데 인공지능(AI)*과 로봇이 알아서 다 해결해 주는 시대를 살게 될 텐데 굳이 '생각'을 하고 살 필요가 있을까요? 오늘 날씨를 알려 주고, 오늘 어떤 옷을 입을지 어떤 음식을 먹을지 추천해 주고, 자율주행차가 알아서 목적지에 데려다주는 인공지능 시대에 생각이라는 것이 필요할까 하는 생각이 듭니다. 또 내가 한 말을 영어로 자동으로 번역해 주니 외국어 공부도 필요가 없다는 생각이 듭니다. 미래에는 인간의 생각하는 능력이 필요 없는 게 되지 않을까요?

"그날은 검은 구름이 잔뜩 드리운 흐린 날이다. 그래도 방 안은 조정장치가 있어 언제나처럼 최적의 온도와 습도를 유지하고 있다. 지원이는 그리 단정하지 않은 모습으로 의자에 앉아 시시한 게임으로 시간을 죽이고 있다."

인공지능이 쓴 소설의 일부입니다. 아무리 읽어 봐도 사람이 아닌 인공지능이 썼다고 여겨지지 않을 만큼 자연스럽죠? 그러나 이야기를 떠올리는 것은 순전히 사람의 몫이고, 인공지능은 문장을 지어내는 것밖에 할 수 있는 것이 없다고 합니다.

인공지능이 작곡한 노래를 검색해서 들어 보면 사람이 작곡한 곡 못지않게 훌륭하다는 생각을 하게 될 것입니다. 베토벤의 교향곡을 인공지능이 학습하도록 하고 베토벤과 비슷한 음악을 만들도록 하면 베토벤의 음악보다 더 훌륭한 작품이 나온다고 합니다. 그런데 베토벤의 음악과 다른 음악을 만들어 보라고 하면 그것은 인공지능이 할 수 없다고 합니다. 자기한테 입력한 데이터를 부정하는 것은 불가능하다는 말이죠. 모방하는 것은 가능하지만, 그것을 넘어 새로운 것을 창조하는 것은 불가능합니다. 의심하고 질문하고 비판하는 것, 전에 있던 것과 전혀 새로운 것을 창조하는 것은 인간만이 할 수 있는 일입니다. 바로 생각의 힘인 거죠.

여러분이 학교나 집에서 흔히 생각하는 일을 인공지능은 할 수 없습니다. 질문하고 답하기, 다른 관점에서 생각해 보기, 이야기하며 생각해 보기, 함께 문제 풀어 보기, 추론해 보기, 호기심을 갖고 관찰하기, 상상해 보기, 발명해 보기, 목표 정해서 해보고 되돌아보기, 자기가 공부하는 방식 돌아보기, 주어진 과제 끝마치기와 같은 일들은 오직 사람만이 할 수 있습니다.

* 인공지능(AI) : 생각이나 학습, 자기개발 등 인간이 지능으로 할 수 있는 행동을 컴퓨터가 모방할 수 있도록 하는 기술을 말해요.

몸

아름다운 몸의 기준은
시대마다 나라마다 다르기도 해요.

초등학교 5학년이 된 벼리는 요즘 부쩍 외모에 관심이 많아졌어요. 깨끗한 피부, 큰 키, 날씬한 체형을 가진 TV 속 아이돌 스타처럼 되고 싶다는 생각을 자주 해요. 거울 속의 자기 자신이 불만족스럽게 느껴지기도 하고요.

어느 날 벼리는 다이어트를 해야겠다는 생각이 들어, 일단 먹는 양을 줄이기로 결심했어요. 아침밥을 안 먹으니 학교 공부에 집중도 잘 안 되고 짜증이 나기도 하고 생리통도 심해진 것 같고 기운도 없어졌어요. 부모님은 벼리의 건강을 걱정했지만, 벼리는 원하는 체

중이 될 때까지 다이어트를 계속할 생각이에요.

벼리가 원하는 몸무게가 되면 다이어트를 멈출 수 있을까요? 아마 거울 속의 자신을 TV 속 연예인과 끝도 없이 비교하며 자신의 몸을 계속 불만족스럽게 느낄 거예요. 벼리뿐만 아니라 많은 사람은 자신의 몸을 다른 사람들의 시선에 비추어 평가하곤 합니다. 다른 사람들의 기준에 내 몸을 끼워 맞추기 위해 건강을 해치는 결정을 하기도 하지요. 그렇다면 도대체 '아름다운 몸'의 기준은 누가, 어떻게 결정하는 걸까요?

'아름다운 몸'의 기준이 항상 지금과 같았던 것은 아니에요. 시대마다 나라마다 미의 기준이 다르기도 해요. 살갖이 까맣거나 몸이 통통해야 아름답다고 여기는 곳도 있고, 하얗거나 말라야 아름답다고 하는 곳도 있어요.

중국 송나라 때는 발이 작은 것을 아름답다고 했답니다. 그래서 어릴 때부터 발을 천으로 꽁꽁 동여매어 발이 더 크지 못하도록 하기도 했어요. 얼마나 불편하고 아팠을까요?

이렇게 몸에 대한 사회적 기준은 여성을 향할 때가 더 많습니다. 여성을 자기 삶의 주인으로 살아가는 존재라기보다는 '선택받아야 하는 대상'으로 보았기 때문이에요.

우리 사회가 만들어 내고 있는 '몸에 대한 기준'은 어떤 것들이 있을까요? 그리고 그 기준들은 나의 행복이나 건강과 얼마나 연관되어 있나요? 사회적인 기준이나 다른 사람의 시선에 맞추어 내 몸을 바라보면 있는 그대로의 내 몸을 사랑하기 어려워요. 남에게 어떻게 보이기 위한 자기관리가 아니라, 나를 더 아끼기 위한 자기관리를 이어가는 것은 필요해요. 균형 있는 식사를 하고, 깨끗하게 씻고, 체력을 유지하기 위해 규칙적으로 운동을 하는 것처럼요. 여러분은 자기 자신의 시선으로 내 몸을 아끼고 있나요?

성

여러분이 태어났을 때 사람들이 가장 많이 한 질문이 뭐라고 생각하세요?

바로 "남자아이예요, 여자아이예요?"입니다. 남자아이보고 "어머, 예쁘게 생겼네요"라고 하거나, 여자아이보고 "아이고 씩씩하게 생겼네요"라고 말하고는 실수임을 깨닫고 민망해하던 시절이 있었어요. 지금도 사실 좀 그래요. 남자아이도 예쁠 수 있고, 여자아이도 씩씩할 수 있어요. 남자다움과 여자다움은 존재하지 않습니다.

남자아이인지 여자아이인지 묻는 것을 '생물학적 성(性)'이라고 해요. 태어날 때부터 결정된다고 생각할 수도 있지만, 남자아이인지 여자아이인지 구분하기 힘든 경우도 많다고 해요. 그걸 '간성(間性)'이라고 해요. 남성과 여성 사이의 성이라는 뜻이에요.

생물학적 성은 태어날 때 결정된다고 하면 안 돼요. 왜냐하면 태어나고 나서 나중에 자신의 '성정체성'을 다른 성으로 생각하여 성별을 바꾸는 트랜스젠더 남성, 트랜스젠더 여성도 있기 때문입니다.

'사회적 성'은 이성애자, 동성애자, 양성애자 등으로 나눌 수 있습니다. 사회적 성은 젠더라고도 부르고, '성정체성'과 '성적 지향'이라는 뜻을 모두 담고 있어요. '성정체성'은 자기 스스로 남성으로 보는지 여성으로 보는지를 말해요. '성적 지향'은 자기가 좋아하는 사람이 남성인지 여성인지 트랜스젠더인지를 말해요. '이성애자'는 나와 다른 성별을 가진 사람을 좋아하는 것이고, '동성애자'는 나와 같은 성별을 가진 사람을 좋아하는 것이며, '양성애자'는 성별과 상관없이 좋아하는 것입니다. 남성이면서 이성애자일 수도 있고, 동성애자일 수도 있고, 양성애자일 수도 있습니다.

이런 식으로 생물학적 성 4가지와 사회적 성 4가지로 경우의 수를 만들면 16가지의 경우가 만들어집니다. 여성이면서 이성애자일 수도 있고, 동성애자일 수도 있으며, 양성애자일 수도 있어요. 사람으로 태어나서 누군가를 좋아하고 사랑하는 모습은 아주 다양하다고 볼 수 있어요. 지금 머릿속에 떠오르는 사람이 있다면 그 사람을 좋아하고 있다고 봐도 됩니다. 그리고 그 사람은 남자일 수도 여자일 수도, 트랜스젠더일 수도 있어요. 이것은 자연스러운 일이랍니다.

맨 처음 말했던 남자다움이나 여자다움을 요구하는 것도 사회적 성이라고 해요. 남자는 밖에서 일하고 여자는 집안일을 해야지 하는 따위의 성 역할을 나누는 것은 요즘 세상에서는 거의 사라졌다고 봐도 됩니다. 아직도 주변에 그런 말이나 생각을 하는 사람이 있나요?

자아 정체성

'나는 누구일까?'
이런 물음을 가져 본 적이 있나요?

나를 설명할 수 있는 내용은 무수히 많답니다. 예를 들어 벼리라는 이름을 가진 여자아이, 엄마와 아빠의 딸, 은지의 단짝 친구, 김치찌개를 좋아하는 아이 등 내 주변 사람과의 관계, 내가 좋아하는 것 등으로 나를 설명할 수 있습니다.

'나는 누구일까?'라는 질문에 위의 설명들이 나를 전부 표현한 것일까요? 공부를 잘하고 싶은 나, 달리기나 피아노 연주 등을 잘하고 싶은 나, 많은 친구를 사귀고 싶은 나, 이런 것을 잘하고 싶은 '내'가

진짜 '나'일까요? 진짜로 나에 관해 설명하는 말은 무엇일까요?

'자아 정체성'이란 자기를 바라보는 뚜렷한 생각을 뜻합니다. 부모님, 선생님, 친구가 생각하는 '나'가 아니라 '내'가 '나'에 대해 생각하는 것이지요. 어른들은 항상 공부를 잘하는 '나'를 원하지만 '나'는 그림 그리는 것을 좋아해요. 그러한 나에게 어른들은 공부하라는 잔소리를 하지만, 나는 내가 지금 무엇을 해야 기분이 좋을지, 행복해지려면 어떻게 해야 하는지 잘 알고 있습니다.

그러면 나는 시간이 지나도 변하지 않을까요? 아닙니다. 동식물이 자라듯이, 밤낮이 바뀌듯이, 계절이 변하듯이 나는 자꾸 변한답니다. 변덕쟁이라고 생각하면 오해예요. 다른 사람의 요구에 의해 변하는 것이 아니라, 내가 가진 가치와 생각에 따라 변하는 것입니다. 초등학교 고학년을 지나 중학생이 되는 과정에서 겪는 사춘기는 나의 변화를 설명하는 좋은 예이지요.

변한다고 해서 결코 '내'가 '다른' 사람이 되는 것이 아니겠죠? 이

것이 바로 자아 정체성입니다. 내가 하고 싶은 것을 알고, 내가 바라는 것을 알고, 내가 누구인지 '온전히' 받아들일 수 있다면 나는 우주에서 단 하나뿐인 소중한 존재라는 것을 알게 될 것입니다.

자아 정체성을 찾아가는 영화 '빌리 엘리어트'

한 소년이 자아 정체성을 찾아가는 영화 한 편을 소개드릴게요. 바로 스티븐 달드리 감독의 2000년 영화 '빌리 엘리어트'예요. 영국 북부 탄광촌에 사는 11살 소년 빌리는 아버지의 권유로 복싱을 배우러 다닙니다. 그러다 우연히 체육관에서 여학생들의 발레 수업을 보고 발레에 끌리게 됩니다. 빌리는 자신의 재능이 발레에 있음을 깨닫고 발레리노를 꿈꾸지만, 아버지의 강력한 반대에 부닥칩니다. 빌리는 이 난관을 극복하고 자신의 꿈을 이룰 수 있을까요? 탄광촌 소년 빌리가 자신의 정체성을 깨닫고 발레의 꿈을 키워 가는 영화 '빌리 엘리어트', 기회가 되면 꼭 한번 감상해 보세요.

회복 탄력성

마음에 괴로움이 있을 때
오랫동안 힘들어하는 친구도 있고
금방 툴툴 털어버리는 친구도 있어요.

벼리는 요즘 많이 힘듭니다. 아침에 일어나는 것도, 학교에 가는 것도, 친구들과 함께 노는 것도 힘이 듭니다. 며칠 전 은지와 함께 놀이터에서 놀고 있었는데, 벼리의 실수로 은지가 넘어져 다리를 다쳤어요. 은지는 결국 병원에 가서 다리에 깁스를 했습니다.

'그때 내가 그런 행동만 하지 않았더라면…….' 끊임없이 이어지는 자책으로 벼리는 자신이 싫어졌고, 누군가와 만나거나 얘기하는 것이 힘들었어요. 은지는 실수이니 괜찮다고 했지만 벼리 스스로는 용서가 되지 않았습니다.

이런 일로 마음이 괴로웠던 적이 있나요? 어떤 친구는 어려운 일이 있을 때 오랫동안 괴로워하고 힘들어하며 원래의 '나'로 돌아오기도 하고, 다른 친구는 앞으로 더욱 조심해야겠다며 툴툴 털어버리고 원래의 '나'로 돌아오기도 합니다. 이러한 마음을 우리는 '회복 탄력성'이라고 부릅니다.

사람마다 회복 탄력성의 정도가 다릅니다. 회복 탄력성이 높은 사람은 어려움을 잘 이겨내서 현재의 '나'보다 더욱 발전하고 삶을 긍정적으로 바라봅니다. 실수하더라도 '그럴 수 있지!' 하며 훌훌 털어버릴 수 있습니다. 신뢰가 있는 친구 관계를 형성할 수 있고, 무슨 일이든 자신감 있게 할 수 있습니다. 그러나 회복 탄력성이 낮은 사람은 '난 왜 이것밖에 못 하지!', '난 잘하는 게 하나도 없어!' 하며 이런 부정적인 마음으로 생활을 합니다. 부정적인 생각이 많아서 무엇을 하든지 자신감이 부족하고, 친구 관계도 소극적이고, 스트레스를 받으면 쉽게 풀리지 않습니다.

어떻게 하면 회복 탄력성을 높일 수 있을까요? 회복 탄력성을 높이는 첫 번째 방법은 긍정적인 마음 갖기입니다. 내가 처한 상황을 있는 그대로 바라보고 좋아질 수 있다는 믿음과 더 나아질 거라는 희망을 품는 것이지요. 하루에 세 가지 감사하는 대상을 골라 감사 일기를 쓰는 활동은 긍정적인 마음을 갖는 데 더할 나위 없이 좋습니다. 두 번째 방법은 매일 30분 이상 자신이 좋아하는 신체 활동을 하는 겁니다. 등산하기, 달리기, 걷기, 자전거 타기, 축구, 농구, 수영 등 신체를 움직이는 활동을 통해 스트레스를 풀고 건강을 유지하며 나아가 긍정적인 마음까지도 얻을 수 있습니다.

'나'를 온전히 이해하고, 그런 '나'를 온전히 사랑하는 것. 어려움에 부닥치더라도 자신을 믿고 긍정적으로 생각하는 '나'는 행복한 사람입니다.

경계 존중

"선 넘으면 반칙!"
체육 활동을 할 때 자주 쓰는 말이죠?

　공놀이를 할 때 경기장의 구역을 선으로 나타내요. 그 선을 넘으면 반칙이 선언되고, 공을 다룰 기회를 잃기도 해요. 운동 경기를 할 때처럼 사람과 사람 사이에도 보이지 않는 선이 있어요. 사람마다 자신이 안전하게 느끼는 마음의 영역은 모두 달라요. 자기 마음의 영역을 지키기 위해 각자 보이지 않는 마음의 경계를 가지고 있지요. 이런 경계를 지켜주는 것이 '경계 존중'이에요.

　여러분이 안전하고 편안하게 느끼는 경계는 어디까지인가요? 가

가만히 눈을 감고 내 몸과 마음 주변에 금을 그려 본다고 생각해 봅시다. 누군가가 이 선을 넘으면 내 마음이 불편해지는 나만의 영역을 상상해 보는 거예요. 선을 넘는다는 것은 누군가의 말일 수도 있고 행동이 될 수도 있어요. 이야기하고 싶지 않은데 성적에 대해 큰 소리로 물어보거나, 동의를 구하지 않고 내 물건을 마음대로 빌려 가거나, 내가 없을 때 방에 들어와 일기장을 열어 보거나 하는 것들이요.

이 경계는 관계에 따라 다를 수 있어요. 누구한테는 괜찮은데, 누구한테는 불편할 수 있지요. 누군가가 내 마음의 영역을 침범했다고 느껴지면 상황에 따라 참을 수도 있고, "선을 넘었어요"라고 직접 이야기할 수도 있어요. 상대에게 직접 말하기 어려운 상황이라면 주변의 믿을 만한 사람에게 도움을 요청하면 돼요.

나의 경계를 지키는 것만큼 상대의 경계를 존중하는 것도 매우 중요해요. 상대의 경계를 존중하는 가장 좋은 방법은 관찰이에요. 그 사람의 표정, 몸짓, 말 등의 반응을 관찰하면서 상대가 불편한 기색을 보인다면 내가 하고 있는 말이나 행동을 멈춰야 해요. 사람마다 각자 생각하는 경계가 다르기 때문에 내 기준에 맞추어서 상대의 경계를 판단해서는 안 돼요. 또 동의를 구하는 방법도 있어요. 상대가 불편한 기색을 보여도 그 경계를 넘어 맞춰가는 과정이 필요한 경우에는 "내가 ~해도 괜찮니?"라고 동의를 구해야 해요. 그리고 그 제안에 동의할지, 거절할지는 상대의 몫에 맡겨 두는 거죠.

내가 잘 관찰해도 누구나 '아차' 하는 순간에 선을 넘을 수 있어요. 무엇보다 중요한 것은 자신도 모르게 상대의 경계를 침범했을 때, 진심으로 사과하는 거예요. 피구 경기에서 금을 넘으면 공을 넘겨주듯이, 자신이 선을 넘었다는 것을 인정하고 사과하며 그에 대한 책임을 지는 것이죠.

우정

친구의 많고 적음으로
우정을 얘기할 수는 없습니다.

벼리와 은지는 같은 유치원을 나오고, 지금은 같은 초등학교 친구이지요. 함께 지낸 시간이 많아서 벼리와 은지는 서로 표정만 보아도 기분이 어떤지 알 정도입니다. 물론 벼리와 은지가 처음 만났을 때부터 친했던 건 아니었습니다. 그냥 인사 정도만 건넨 사이였지요. 어느 날 은지가 하는 놀이가 재미있어 보였던 벼리는 용기를 내어 은지에게 같이 놀자고 했어요. 은지는 흔쾌히 같이 놀자고 했고, 그때부터 서로 사이좋은 친구가 되었습니다.

'우정(友情, friendship)'은 친구 사이에 느낄 수 있는 소중한 감정입니다. 이 세상에서 가장 튼튼하고 멋진 배(ship)를 우정이라고 얘기하는 유명한 사람도 있답니다. 여러분들은 친구가 많나요? 아니면 한 명, 두 명인가요? 친구의 많고 적음으로 우정을 얘기할 수는 없습니다. 우정은 친구 관계라면 누구나 느끼는 진실한 마음이니까요. 벼리와 은지는 지금 깊은 우정을 서로 느끼고 있습니다. 서로의 마음을 잘 알아주고, 함께 보내는 시간이 즐겁습니다.

　고학년이 되면서 은지는 같은 반 친구뿐만 아니라 다른 반 친구와도 노는 시간이 많아졌습니다. 벼리하고 보내는 시간은 줄어들었고요. 벼리는 그런 은지를 보면서 어떤 생각을 했을까요? 여러분이 벼리라면 어떤 마음을 느꼈을까요? 은지는 벼리가 싫어진 걸까요? 둘의 우정은 사라진 걸까요?

　우정에 대해 말한 철학자들의 명언이 있습니다. 어떤 사람은 "우정은 사랑받는 것보다 사랑하는 것에 있다"라는 말을 남겼고, 어떤 사람은 "친구를 얻는 유일한 방법은 자기가 먼저 친구가 되는 것

이다"라고 했습니다. 한결같이 자신이 먼저 노력해야 한다고 말합니다. 왜일까요? '왜 내가 먼저 해야 하지?'라고 생각할 수도 있습니다. 이 생각 속에는 어떤 감정이 숨어 있을까요?

무언가를 할 때 '내가 먼저' 용기를 낸다는 것은 어려운 일입니다. 도움이 필요한 친구에게 먼저 도움을 주는 것, 말다툼한 친구에게 먼저 미안하다고 하는 것은 부끄럽거나 마음이 불편할 수 있습니다. 그런데 상대방도 마찬가지 아닐까요? 이럴 때 필요한 우리의 자세는 역지사지(易地思之)*의 마음입니다. 친구의 처지에서 생각하고, 친구의 마음에 공감한다면 여러분의 우정은 소중하게 남을 거예요.

* 역지사지(易地思之) : 다른 사람의 처지에서 생각해 보라는 뜻의 한자 성어예요.

가족 다양성

**여러분에게 '가족'이라고 할 때
떠오르는 대상은 누가 있나요?**

　보리 씨와 미로 씨는 결혼하지 않은 채 10년째 같은 집에서 함께 먹고 자며 살아가고 있어요. 어느 날 보리 씨에게 미로 씨가 많이 아프다는 전화가 왔어요. 병원으로 달려가 보니 급하게 수술을 해야 한대요. 가족의 동의를 받고 진행해야 하는 큰 수술이었어요. 보리 씨가 동의서에 서명을 하려고 하니 간호사는 법적으로 가족이 아니기 때문에 서명을 할 수 없다고 했어요. 보리 씨는 미로 씨가 위급한 상황인데도 수술에 동의할 자격도 없다는 것이 속상했어요.

보리 씨와 미로 씨는 왜 이런 일을 겪고 있을까요? 우리나라 법에서는 가족을 '혼인, 혈연, 입양으로 이루어진 사회의 기본단위'라고 정해 놓았어요. 즉, 결혼을 하거나 아이를 낳거나 입양하는 경우만 가족으로 인정했던 것이지요. 가족 동의가 필요한 일이나 가족임을 증명해야만 받을 수 있는 혜택은 이렇게 법적으로 인정된 가족에게만 해당해요. 서로 보호하고 존중하며 오랜 기간 함께 살고 있어도 결혼하지 않았거나 부모·자녀 관계가 아니면 가족이라고 인정받지 못했던 거예요. 보리 씨와 미로 씨처럼요.

여러분이 떠올리는 가족에는 누가 포함되어 있나요? 꼭 피가 섞이지 않아도 가족으로 떠올리는 사람이 있을 수도 있고, 또 사람이 아닌 반려동물을 가족으로 떠올릴 수도 있어요. 실제로 결혼을 하지 않고 살아가는 동거 가족이나 혼자 사는 1인 가족, 서로에게 필요한 도움을 주고받으며 살아가는 공동체 가족 등 다양한 가족의 형태가 늘어나고 있어요. 이렇게 다양한 모습으로 나타나는 가족의 모습을 '가족 다양성'이라고 해요.

프랑스에서는 이성이나 동성 커플이 계약을 통해 배우자 관계를 인정받고 결혼한 부부와 똑같은 혜택을 누릴 수 있는 '팍스 제도'를 실시하고 있어요. 얼마 전 우리나라 정부도 법으로 정한 '가족'의 정의가 가족 다양성을 고려하지 못하고 있으므로 가족의 정의를 다시 세운다는 계획을 발표했지요.

그러나 새로운 계획에서도 여전히 담지 못하는 가족들이 있어요. 오래 함께 지내온 동성 연인은 수술동의서 앞에서 속상한 기다림을 이어 가고, 반려동물과 함께 사는 가족이 재난 상황을 겪으면 사람만 들어갈 수 있는 재난대피소 앞에서 발을 동동 구르겠지요. 한편, 법적으로 인정되는 가족이지만 서로 보살피지 않고 폭력을 일삼거나 방임하는 가족도 있어요. 여러분이 생각하는 진정한 '가족'이란 어떤 모습인가요?

평화

평화는 어떻게 이룰 수 있을까요?
서로 긴장 상태를 없애는 것이지요.

벼리는 요즘 마음이 많이 불편해요. 지난 주말에 같은 반 친구인 로미랑 다퉜거든요. 벼리는 학교 가기도 싫어지고, 마음이 불편해서 아무 일도 손에 잡히지 않아요. 밤새 걱정하느라 잠도 설쳤어요. 체험학습 가는 날도 아닌데 말이죠.

벼리는 아침을 먹는 둥 마는 둥 하고는 집을 나섰습니다. 저 멀리 로미가 가는 모습이 보였어요. 마주치기 싫어서 걸음을 일부러 늦췄어요. 혹시나 로미가 뒤돌아볼까 봐 손에 땀이 나고 긴장이 되었어요. 얼른 오늘 하루가 지나가 버렸으면 하는 마음뿐이었어요.

여러분이 벼리라면 어떨 것 같아요? 다툰 친구를 교실에서 마주한다면 어찌할 바를 모르겠고 눈을 마주치기도 어려울 것입니다. 그런데 이 어색하고 불편한 마음을 녹이는 강력한 무기가 있어요. 꽉 다문 입술을 열고 "안녕" 하며 인사하는 거예요. 안녕이라는 말을 내뱉는 순간 긴장감은 사라지고 살짝 웃음도 지어질 겁니다. 눈을 마주치는 순간 웃음이 새어 나와서 말을 제대로 할 수 없게 될 수도 있어요. 화해를 한 것도 아닌데 말이죠. 그리고 비로소 마음이 편안해질 거예요. 바로 이 순간 우리의 마음속에 깃드는 것이 '평화'입니다.

'안녕(安寧)'은 '일이 없이 편안하다'라는 말입니다. "밤새 편안하셨나요"라고 묻는 말이라고 할 수 있겠습니다. 밤새 무슨 일이 있었길래 우리나라 사람들은 "안녕하세요"라는 말로 인사를 나누었을까요? 우리나라의 역사 속에는 크고 작은 전쟁이 많이 일어났습니다. '평안하냐'라든가 '문안 드리오'와 같이 편안한지를 묻는 인사를 많이 썼습니다. 인사말 속에 평화를 바라는 마음을 담은 것이지요.

평화는 어떻게 이룰 수 있을까요? 서로 긴장 상태를 없애는 것이지요. 남한과 북한은 현재 전쟁 중인데 70년 넘게 휴전하고 있어요. 우리나라의 평화를 위해 가장 중요한 일은 전쟁을 멈추자는 약속을 하기 위해 먼저 만나는 일이에요. "만나서 반갑습니다, 안녕하세요"라고 인사하는 일부터 시작하는 거지요. 북한의 개성에 공장을 지어 물건을 함께 만들어 파는 것도 평화를 위한 행동입니다. 나는 평화를 위해 어떤 행동을 할 수 있을까요?

죽음

'사람이 죽지 않을 수는 없는 걸까?'
'죽은 뒤에는 어떻게 될까?'

벼리의 외할머니가 돌아가신 지 한 달 정도 되었습니다. 할머니는 큰 병에 걸려서 수술을 받으셨지만 회복하시지 못하고 돌아가셨어요. 벼리는 요즘 할머니를 보고 싶다는 생각이 들었지만, 엄마가 슬퍼할 것 같아서 말하지 않았습니다. 엄마가 이모와 통화할 때 할머니 이야기를 하면서 눈에 눈물이 고이던 것을 봤거든요. 벼리는 죽는다는 게 무서워졌어요. '엄마가 죽으면 어떡하지?', '사람이 죽지 않을 수는 없는 걸까?', '죽은 뒤에는 어떻게 될까?' 하는 생각이 꼬리에 꼬리를 물고 이어졌어요.

푸르던 나뭇잎이 가을이 되면 색이 변해서 떨어지듯이 생명이 있는 모든 것은 언젠가 죽는 것이 자연스러운 일입니다. 늙거나 병이 들어 죽는 것은 그 과정이지요. 사람이 죽는다는 것은 숨이 멈추고 심장이 뛰지 않고 고요해지는 것이에요. 죽은 후에 우리의 몸은 서서히 흙과 공기로 변하게 됩니다. 죽음에 대해 미리 걱정하고 늙고 병드는 것을 무서워하기보다는 우리도 자연의 흐름을 따라 살고 있는 하나의 생명이라는 것을 생각해 볼 수 있어요.

마음에 죽은 사람이 떠오를 때 주위 사람과 이야기하는 것이 좋아요. 살아 있는 존재는 마침내 죽는 것이 자연의 흐름이지만, 누군가 죽게 되면 슬픈 마음이 드는 것도 당연한 일이지요. 그 사람을 기억하는 사람들이 이야기를 나누는 것은 슬픔을 달래는 좋은 방법이에요. 사람마다 조금씩 다르지만 시간이 흐르면 슬픔은 차차 줄어들고 그 사람과 함께했던 추억들이 남아요. 그러면 이제는 그 사람을 만날 수 없지만 함께했던 사람들의 기억 안에 그 사람이 남아 있다는 걸 알게 돼요.

사실 어른들도 죽어 본 적이 없어서 죽은 뒤에 어떻게 되는지는 잘 몰라요. 그렇지만 죽음에 대해 같이 이야기를 나눌 수는 있어요. 우리 삶에는 죽음이 있어서 살아 있다는 것이 더 빛나게 돼요. 한 해 동안 방학만 쭉 있다면 즐거울까요? 우리가 방학을 기다리고 좋아하는 건 언젠가 방학이 끝나고 개학이 시작되기 때문이지요. 이처럼 삶의 끝에 죽음이 있다는 것을 떠올리면 늘 비슷했던 하루가 더 소중하고 새롭게 느껴져요. 살아 있음을 특별하게 만들어 주는 죽음에게, 오늘도 고마워요.

"
법 주권 다수결
자유와 평등 선거
인권 **민주주의** 장애
국가의 의무 공정
연대 자기 결정권
시민 혐오 표현
미디어
"

2부 사회

여러 사람이 어울려 살아가는
사회를 바라보는 눈을 가져요

자기 결정권

인간이면 누구나 자신의 삶은 자기가 결정할 수 있어야 합니다.

설탕 때문에 노예무역이 생겼다는 이야기를 들어 본 적이 있나요? 지금으로부터 약 500여 년 전으로 거슬러 올라갑니다. 그때 유럽에서는 설탕이 무척 귀했고, 설탕 산업은 큰 돈벌이가 되었어요. 유럽 자본가들은 때마침 발견한 아메리카 대륙에 대규모 사탕수수 농장을 만들어 설탕 생산을 크게 늘렸어요. 문제는 어마어마하게 부족한 일손이었습니다. 늘어나는 농장만큼 강제로 끌려와 노예가 된 아프리카 사람들이 점점 많아져 19세기 후반까지 그 수가 많게는 2,000만 명에 이르렀다고 해요. 그들은 자신의 뜻과는 상관없이 가축처럼 팔려와 일만 하다가 평균 7년이라는 짧은 생을 마감할 수밖에 없었어요.

만약 여러분이 이런 노예의 삶을 살아야 한다면 어떨까요? 생각만 해도 숨이 막히지요? 옛날에는 노예의 삶을 운명으로 받아들이기도 했지만, 오늘날에는 그렇게 생각하는 사람은 없어요. 인간이면 누구나 자기 자신의 삶은 자기가 결정할 수 있어야 한다고 여깁니다. 우리는 이것을 '자기 결정권'이라고 합니다.

많은 사람이 노예무역과 노예제 폐지를 위해 끊임없이 노력한 결과, 오늘날에는 노예제나 신분제 사회가 거의 사라졌어요. 그리고 모든 사람이 자기 삶의 주인이고, '자유'롭게 자신의 삶을 개척할 권리를 가지고 있으며, 이 권리는 누구나 '평등'하게 누려야 한다는 신념을 갖춘 현대 민주주의 사회가 탄생하게 되었어요. 어찌 보면 현대 민주주의 사회는 아프리카 노예무역과 노예제에 대한 인류의 반성문이라고 말할 수도 있겠습니다.

하지만 우리 어린이, 청소년들의 삶을 조금만 들여다보면 꼭 그렇지만도 않다는 생각이 들어서 참 안타깝습니다. 머리 모양, 염색, 화장, 옷차림은 물론이고 진로, 친구, 사랑, 투표, 아르바이트 등 스스로 할 수 있고 해야 하는 상황에서도 어리다는 이유로 하지 못하는 경우가 참 많아요. 머리 모양, 화장, 옷차림조차 자기 스스로 결정할 수 없도록 커 온 아이들이 무엇인들 제대로 결정하며 자기 운명을 개척할 수 있을까요? 어리니까 하지 말라고 할 것이 아니라 "어리니까 실패해도 괜찮아, 너 스스로 결정해 봐"라고 말해 준다면, 자기 결정권을 제대로 실현해 가는 경험과 능력을 갖춘 어린이, 청소년들이 늘어날 것이고, 그것은 지금을 위해서도 미래를 위해서도 더 좋은 일이 될 것입니다.

인권

**모든 사람에게 인간다운 삶을 살 수 있도록
꼭 보장해야 하는 기본적인 권리들이 있습니다.**

여러분은 책 읽기를 좋아하나요? 당연하다고요? 네! 적어도 지금 이 책을 읽고 있는 사람이라면 책 읽기를 좋아하는 사람이 틀림없을 겁니다. 자, 그런 여러분이 오늘부터 평생 책을 읽을 수 없게 된다면 어떨까요? 세상에 있는 모든 책을 없애버리고, 책을 가지고 있기만 해도 평생을 감옥에 갇히게 된다고 상상해 봐요. 갑자기 슬퍼지는 친구들도 있을 테고, '뭐 그런 세상이 다 있어!' 하면서 마음속에서 화가 치밀어 오르는 친구도 있을 겁니다.

이와 비슷한 상상을 좀 더 해 볼까요? 내가 다치거나 아플 때 약

이나 병원이 없다면? 이틀을 굶었는데 앞으로 나흘을 더 굶어야 겨우 라면 하나를 먹을 수 있다면? 일 년 동안 옷 한 벌로 살아야 한다면? 집이 없다면? 학교와 같이 무엇인가를 배울 수 있는 곳이 없다면? 내 생각과 느낌을 자유롭게 표현하지 못한다면? 깨끗한 공기와 물이 없다면? 내가 좋아하는 운동 경기를 할 수도, 볼 수도 없다면? 춤과 노래, 그림을 그릴 수가 없다면? 친구를 사귈 수도 없고, 친구와 놀 수도 없다면? 사랑하는 사람과 함께 살 수 없다면? 자유롭게 다닐 수 없다면? 상상하는 것만으로도 괴로운 마음이 생기는 친구들이 있는 것 같네요. 이런 상황이 하나라도 생기면 인간답고 행복한 삶은 기대하기 어려울 것입니다.

'없다면 어떻게 될까' 하고 생각해 보았던 것들 모두는 인간다운 삶을 살기 위해서는 꼭 필요한 것들입니다. 그런데 누구는 돈이 많아서, 남자라서, 백인이라서, 유럽에서 태어났다는 이유 등으로 이런 권리를 펑펑 누릴 수 있고, 다른 누구는 그렇지 못하다면 그건 공평하지 않겠지요. 그래서 인류는 나이가 많든 적든, 가난하든 부유하든, 어떤 성별이든, 어디에서 어떻게 태어났든지, 어떤 상황에

놓여 있든지 상관없이 모든 사람에게 인간다운 삶을 살 수 있도록 꼭 보장해 주어야 하는 가장 기본적인 권리들을 정해 왔습니다. 우리는 이런 권리들의 목록을 '인권(Human Rights)'이라고 부릅니다.

미국의 흑인 인권 운동가 마틴 루터 킹

모든 인간은 인간답게 살 권리가 있습니다. 하지만 불과 60여 년 전까지만 해도 미국에서 흑인들은 인간답게 살 수가 없었습니다. 흑인들은 백인과 함께 버스를 탈 수도 없고, 투표를 할 수도 없었으니까요. 미국의 흑인 인권 운동가이자 목사인 마틴 루터 킹은 모든 인간이 차별 없이 '함께 꿈꿀 수 있는' 평등한 세상을 바라며 비폭력 흑인 인권 운동을 펼쳤습니다. 이 공로로 마틴 루터 킹은 1964년 노벨 평화상을 받았지만, 1968년 한 백인의 총탄에 목숨을 잃고 말았어요. 하지만 차별 없는 세상을 꿈꾼 마틴 루터 킹의 인권 정신은 세계 사람들의 가슴속에 영원히 살아 있습니다.

마틴 루터 킹. (사진·위키피디아)

국가의 의무

> 모든 국민은 인간으로서의 존엄과
> 가치를 가지며, 행복을 추구할 권리를 가진다.
> - 대한민국 헌법 10조

헌법에는 인간답고 행복한 삶을 살아가는 데 필요한 가장 기본적인 권리들, 바꿔 말해 인권의 항목들을 분명하게 밝혀 두고 있어요. 우리나라 최고의 법인 헌법에 이를 밝혀 둔 뜻은 우리나라는 인권을 매우 중요하게 생각하며, 모든 사람이 제대로 인권을 누릴 수 있도록 최선을 다하겠다는 약속을 한 것이에요.

하지만 이 약속은 생각만큼 쉬운 일은 아니에요. 예를 들어 볼까요? 우리나라에서는 누구나 자유롭게 다닐 수 있는 권리가 있어요.

그런데 다리가 불편한 사람들에게는 어떨까요? "당신은 자유롭게 다닐 권리가 있습니다"라고 말하는 것만으로는 이 권리가 실현되기 어렵습니다. 아주 부자라면 운전기사가 대신 운전을 하고, 차에서 내려서도 비서가 목적지까지 안전하게 갈 수 있도록 도와줄 수 있겠지요. 하지만 형편이 넉넉하지 않은 사람들이라면, 또는 외딴 시골에서 거동이 불편한 어르신들이 시내에 볼일을 보러 가는 상황이라면 이야기는 달라져요. 누구나 누릴 수 있는 권리지만, 누군가는 누리지 못하는 권리가 되는 셈입니다.

이런 상황에서 '국가의 의무'를 밝혀 둔 헌법 10조의 뒤 문장이 빛을 발휘해요. 개인의 힘만으로는 어찌할 수 없는 상황이 생길 때 '국가는 기본적인 인권을 확인하고 이를 보장할 의무를 지는 것'입니다. 계단을 오르내리기 힘든 사람들을 위해 엘리베이터를 설치하고, 시각장애인들을 위해 점자 보도블록을 설치하고, 휠체어로 대중교통을 이용할 수 있도록 저상버스를 늘리고, 이동과 활동을 도와주는 사람을 두거나 시골에 살고 있는 분들을 위한 무료버스나 택시를 운영하는 일 등은 개인이 할 수 없는 일이에요. 모든 사람이 자유롭게 다닐 수 있으려면 국가가 나서야 하는 것이지요.

　인권을 억압하려는 사람들이 종종 인권을 주장하기 전에 의무를 다하라고 훈수를 둡니다. 자유롭게 말할 권리를 누리기 위해서는 귀담아들어야 하는 의무를 잘 지켜야 한다고 예를 들면서 말이죠. 일반적인 권리라면 그 말도 맞습니다. 하지만 인권은 다릅니다. 인권에 대한 의무는 많은 부분 국가에 있어요. 만약 인권과 관련해 시민들이 져야 할 의무가 있다면 '인권을 제대로 실현하라고 주장하는 것'이에요. 국가에게 그 의무를 제대로 수행하라고 요청하는 것이야말로 가장 중요한 우리 시민들의 의무가 되는 것입니다.

자유와 평등

자신이 어떤 삶을 살 것인지 결정할 자유와 그 자유를 평등하게 누릴 수 있어야 합니다.

시력이 좋지 않은 벼리는 요즘 학교에 일찍 등교하려고 해요. 학급 회의에서 이번 달은 먼저 온 학생이 원하는 자리에 앉을 수 있다고 결정했기 때문이에요. 우리 반 친구들은 대부분 앞자리에 앉길 원해요. 그래서 조금이라도 늦으면 벼리는 뒷자리에 앉아 보이지 않는 칠판과 TV 화면 글씨를 보기 위해 안간힘을 쓰게 되어 힘든 하루를 보내게 됩니다.

이런 사실을 알게 된 은지는 담임선생님께 이야기했어요. 선생님은 이 문제에 대해 내일 친구들과 학급 토론회를 열어 보자고 제안

했어요. 그런데 학급 토론의 주제는 '어떠한 예외도 없이 모든 학생은 똑같은 규칙을 적용받아야 하는가?'입니다.

인간이 인간답게 생활하기 위해서는 '자유와 평등'이 가장 필수적인 가치입니다. 노예, 노비, 천민 등 자유와 평등이 허락되지 않는 신분이 존재한 적도 있어요. 그러나 사람들은 자유와 평등을 얻기 위해 오랫동안 싸웠고, 결국 자유와 평등이라는 가치를 소중히 여기는 사회를 만들게 되었어요.

오늘날 국제법의 기초가 되는 세계인권선언이나 UN 자유권협약의 제일 첫 부분이 자유와 평등에 대한 것인 것도 그 때문입니다. 자신이 어떤 삶을 살 것인지 결정할 자유와 신분에 상관없이 그 자유를 평등하게 누릴 수 있어야 한다는 점을 분명히 한 것이지요.

벼리네 반 친구들은 앉고 싶은 자리에 앉을 자유가 있고, 그 자유는 누구나 평등하게 누릴 수 있어요. 이렇게만 보면 자유와 평등이 잘 실현된 것처럼 보여요. 그러나 집이 멀거나 사정이 있어 자주 늦게 오는 친구들이 있다면, 눈이 나쁜 친구들이 있다면 사정이 달라집니다. "네가 늦어서 어쩔 수 없어"라고만 말하기에는 만족스러운 답이 되지 않아요. 또 매번 앞에 앉는 사람만 앞에 앉는 일까지 벌어진다면 문제는 좀 더 복잡해지지요.

벼리네 반 경우처럼 자유롭다는 말, 평등하다는 말은 일상생활에서 다양한 색깔로 우리 앞에 다가옵니다. 어떤 자유를 누릴 수 있는 권리가 누구에게나 있다고 말은 하지만, 실제로는 일부 사람들만 누리는 경우도 있어요. 모두에게 똑같은 규칙을 적용해야 해서 결과적으로는 어떤 권리를 누릴 자유가 제한받는 경우가 생기기도 해요. 여러분도 비슷한 경험을 한 적이 있을 거예요.

참, 벼리네 반 토론회는 어떻게 되었을까요?

주권

대통령이 아니라
국민이 최고 권력자라고요?

우리나라는 역사적으로 다른 나라의 간섭을 받은 적이 있어요. 바로 1905년에 불평등하고 일방적인 을사늑약을 일본과 맺으면서 외교권을 빼앗긴 것이지요. 경술년인 1910년에는 급기야 우리나라의 통치권을 일본에 넘긴다는 치욕적인 조약을 맺게 됩니다. 이를 '경술국치'라고 해요.

우리 조상들은 우리의 '주권'을 되찾기 위해서 많은 노력을 했어요. 주권은 다른 나라의 간섭 없이 나라의 모든 일을 스스로 결정하는 권리예요. 3.1운동, 상해임시정부, 독립군 운동 등 일본으로부터 자주독립을 이루기 위해 싸웠고, 1945년 8월 15일에 광복을 맞이했어요. 우리의 주권을 되찾아온 것이지요.

그다음으로 우리나라의 모든 일을 스스로 결정하기 위해 헌법을 만들었습니다. 대한민국 헌법 1조 2항을 보면 대한민국의 주권은 국민에게 있고, 모든 권력은 국민으로부터 나온다고 적혀 있어요. 이것을 '국민주권'이라고 해요.

헌법은 대한민국 사람들이 인간답게 살 수 있도록 하기 위한 법을 만드는 기초가 되는 법 중의 법이에요. 대한민국 사람들이 인간답게 자유와 권리를 누리며 살고 있지 않다면 주권은 국민에게 없다고 봐도 됩니다.

세계 역사를 보면 이 권력을 자기 마음대로 쓰거나 사람들이 인간답게 살지 못하게 쓴 사람이 있었어요. 바로 독일의 히틀러라는 사람입니다. 히틀러는 나치의 총통이 되어 사람들을 선동하여 전쟁을 일으키고, 유대인들을 가두고 죽이는 것을 정당화했어요. 국민으로부터 나온 권력을 자기 마음대로 휘두르게 된 것이지요.

독일은 이러한 끔찍한 경험을 하고 나서 독일 헌법의 순서를 바꿉니다.

독일 헌법 제1조 1항에 이렇게 쓰여 있어요. '인간의 존엄성은 훼손할 수 없다. 인간의 존엄성을 존중하고 보호하는 것은 모든 국가권력의 책무이다.' 인간이 존중받아야 하고 귀하게 대접받도록 힘써야 하는 것이 국가권력의 책임이자 의무라고 선언한 것이지요.

1987년 6월에 우리나라에서는 쿠데타*로 국가권력을 마음대로 빼앗은 전두환 군사 정권에 대항해 싸워 대통령을 국민의 손으로 직접 뽑을 수 있도록 새로운 헌법을 만들었어요. 국민주권을 제대로 실현하기 위해 국민이 들고 일어선 것이지요.

국민주권은 그냥 주어지는 것이 아니라 주권을 잃지 않도록 정치에 참여하고 관심을 기울이며, 국민주권이 실현되지 않을 때 들고 일어서서 되찾기 위해 노력해야 얻어지는 것입니다.

* 쿠데타 : 지배층의 일부가 무력을 사용해 정권을 빼앗는 일을 말해요.

민주주의

민주주의란 말은 참 많이 듣는데, 도대체 민주주의가 뭐예요?

누군가가 이렇게 물어보면 대답하기가 만만치 않습니다. 민주주의란 무엇이다, 무엇이다 하고 사람마다 자기가 중요하다고 여기는 점을 강조해서 이야기하기도 하는데, 그게 누구는 맞고 누구는 틀렸다고 말하기도 어려워요. 어찌 보면 민주주의는 저마다 생각하는 만큼 많은 뜻을 담고 있는 말이라고 볼 수도 있겠지요.

원래 민주주의라는 말은 우리말에는 없었어요. 영어 '데모크라시(Democracy)'를 일본 사람들이 '민주주의(民主主義)'라는 말로 번역했는데, 그 말이 지금까지 우리나라에서도 그대로 사용되고 있습니다. 그럼 영어 데모크라시는 어떤 뜻을 담고 있을까요? 이 말은 그리스어의 '데모크라티아(Demokratia)'에서 왔는데 '데모스(Demos)'와 '크라티아(Kratia)'가 합쳐진 말이에요.

먼저 '데모스'라는 말부터 살펴보지요. 데모스는 다수라는 말입니다. 많은 사람이 광장에 모여 있는 모습을 상상해 보세요. 그렇게 모여 있는 군중, 대중을 나타내는 말입니다. 하지만 이 데모스는 군인들이 줄을 딱딱 맞추어 서 있는 것 같은 느낌은 아니에요. 오히려 좀 자유롭게 이리저리 모여 있는 모습에 더 가깝다고 보면 되겠지요.

이제 '크라티아'를 볼까요? 크라티아는 지배, 통치체제라는 말인데 힘을 뜻하는 '크라토스(Kratos)'와 관련이 큽니다. 이 힘은 무엇을 할 수 있는 능력(잠재력)과 비슷하지요. 한 사람 한 사람, 사람들이 모여서 자연스럽게 생겨나는 힘이에요. 따라서 이 힘은 크기가 정해져 있지도 않고 모이는 사람들에 따라, 모이는 방식에 따라서도 아주 다양해집니다.

데모스와 크라토스, 이 두 말을 합쳐 보면 '사람들이 모여서 생겨나는 힘(능력)'이라는 뜻이 됩니다. 이런 힘을 존중하는 정치 방식, 체제가 바로 '데모크라티아'이지요. 민주주의는 말뜻 그대로 다양한 사람들이 모여서 생겨나는 다양한 힘, 에너지이기 때문에 그만큼 다양한 모습을 띠고 있어요.

한국의 민주주의와 미국의 민주주의가 다르고, 50년 전 한국의 민주주의와 지금의 민주주의가 달라요. 민주주의는 이렇게 늘 변하고 있는 셈입니다.

법

**대한민국은 민주공화국이다.
대한민국의 주권은 국민에게 있고,
모든 권력은 국민으로부터 나온다.**

2016년, 대통령의 잘못을 바로잡기 위해 시작된 촛불시위에서 시민들이 가장 많이 외쳤던 구호예요. 앞에 있던 주권 부분에서도 나오지만, 이 구호는 다름 아니라 대한민국 헌법 1조였습니다. 시민들은 다른 무엇도 아니고 헌법을 근거로 삼아 자신의 주장을 편 것이에요.

헌법은 우리나라 최고의 법이고, 이 법에 따라 대한민국은 운영되고 있어요. 이렇듯 법에 따라 나라를 운영하는 것을 법치주의라고 하는데, 그때 시민들은 촛불시위를 통해 아무리 대통령이라고 하더라도 헌법과 법률로 정한 것에 따라야지 자기 마음대로 나라를 운영해서는 안 된다는 법치주의의 원칙을 분명히 보여주려 했던 것입니다.

이런 법들은 아주 오래전에도 있었어요. 우리나라 최초의 국가였던 고조선시대에도 8조법이 있었고, 세계에서 가장 오래된 법으로 기록된 수메르 문명의 우르남무(Ur-Nammu) 법전도 약 4,000년 전에 만들어졌어요. 인류가 문명을 이루고 살기 시작하면서 마을이나 부족, 국가 등 다양한 공동체들을 유지하기 위해서는 규칙들이 필요했고, 그런 규칙들이 발전해 자연스럽게 법이 만들어진 것입니다.

법은 그 사회를 유지하기 위해 필요한 일종의 규칙인 셈입니다. 예를 들어 조선시대의 법은 왕과 양반, 평민, 노비와 같은 계급으로 이루어진 사회를 유지하기 위한 규칙이었고, 일제강점기의 법은 일본이 우리 민족을 지배하고 식민지로 만들기 위해 필요한 것이었어요.

 그런데 이런 법들은 늘 변해 왔어요. 법을 유지하려는 사람들보다 바꾸려는 사람들이 더 큰 힘을 가질 때 새로운 법이 만들어집니다. 오늘날 우리나라에는 왕이 통치하는 세상보다 민주주의를 바라는 사람, 시민 모두가 주인이 되어 나라를 다스리기를 바라는 사람들이 더 큰 힘을 갖게 되었어요. 그래서 우리나라는 민주주의에 맞는 법이 만들어지고 운영되고 있는 것입니다.
 지금의 법들도 언젠가는 바뀌게 될 것입니다. 여러분이 어른이 되면 지금보다 더 평등하고 더 자유롭고 더 평화로운 대한민국을 만들기 위한 새로운 헌법을 만들 게 될지도 모를 일입니다.

다수결

**손을 들기 전에 충분하게 이야기를 나눠 봐요.
소수 의견을 어떻게 연결할 수 있을지 찾아봐요.**

학교생활에서 뭔가를 결정해야 하는 때가 있어요. 자리는 어떻게 정할지, 놀잇감은 어떻게 사용할지 등 말이죠. 그럴 때 어떻게 결정하나요? 아마 많은 경우 '다수결'로 결정한다고 말할 것 같아요. 사람들이 무엇을 함께 결정하는 것은 생활에서 민주주의를 실천하는 일이지요. 그래서인지 '민주주의' 하면 곧바로 다수결을 떠올리기도 해요. 다수결이란 많은 사람의 의견에 따라 결정을 내리는 방식이에요. 더 많은 사람이 원하는 대로 결정이 된다는 점에서 좋기도 하지만 그렇지 않기도 해요.

첫째, 다수결이 언제나 옳은 것은 아니에요. 아테네에서 소크라테스*는 억울한 이유로 고소를 당했지만 500명의 배심원 중 360명이 사형에 찬성하여 결국 독약을 마셨지요. 더 많은 사람이 선택한 길이 때로는 잘못된 방향일 수도 있답니다.

둘째, 다수의 의견만 듣게 되면 소수의 의견이 무시됩니다. 내 의견이 받아들여지지 않아서 속상한 적이 있을 거예요. 더 넓게 보면 우리 사회는 다양한 사람들로 이루어져 있는데, 몸이 불편한 사람이나 아주 가난한 사람 등 사회적으로 약한 소수의 의견이 늘 무시된다면 다 같이 살기 좋은 사회를 만들기가 어려울 거예요.

그러면 어떻게 바람직한 결정을 내릴 수 있을까요? 늘 각각 다른 의견대로 할 수는 없는데 말이에요. 먼저 결정을 내리기 전에 충분하게 이야기를 나눠 봐요. 왜 그렇게 생각하는지, 좋은 점과 문제점은 무엇인지 서로 다른 생각을 말하고 귀 기울여 듣다 보면 자기 생각이 달라지기도 하고 더 좋은 방법이 떠오르기도 합니다.

또 다수 의견에 소수의 의견을 어떻게 연결할 수 있는지 찾아봐요. 만약 찾지 못할 때에는 소수 의견을 낸 사람들에게 이해를 구

합니다. 그리고 꼭 한 가지로만 결정할 필요가 없는 일이라면 다양한 의견대로 해 봐요. 일주일은 이렇게, 그다음 일주일은 다르게 해 보면 무엇이 더 나은지 깨닫는 기회가 될 수도 있어요.

 이렇게 다수결은 결정하기 위해 손을 들기 전에 다양한 이야기를 나누고 들어 보는 것, 소외되는 사람이 없도록 살펴보는 것이 더 중요한 과정이랍니다. 이런 과정을 거치는 것이 진정한 의미에서 민주주의를 실천하는 일이 될 거예요.

* 소크라테스 : 기원전 5세기경 활동한 고대 그리스의 철학자예요. 주로 묻고 답하는 문답을 통해 상대방이 자연스럽게 자신의 무지를 깨닫도록 했다고 해요.

선거

'민주주의의 꽃' 선거.
왜 선거를 민주주의의 꽃이라고 할까요?

　민주주의가 시작된 고대 그리스 아테네에서는 사람들이 모여서 직접 자기 의견을 말하고 나라의 일을 결정했어요. 토론 후에 손을 들거나, 흰색과 검은색의 조약돌을 항아리에 담아서 투표했다고 해요. 하지만 오늘날은 인구가 많아지고 국가가 커져서 한곳에 모여 의견을 나누기가 어려워요. 그래서 국가의 주인인 국민을 대표하여 나라의 일을 맡아서 할 사람들을 뽑게 되었어요. 이것이 바로 '선거'입니다.

선거는 후보가 정해지는 과정부터 각 후보들이 공약을 발표하고 자신을 알리는 선거운동을 거쳐 투표를 하고, 당선자를 발표합니다. 많은 사람의 눈과 귀가 쏠리고 떠들썩한 분위기 속에서 국민이 참여하는 중요한 일이기 때문에 선거를 민주주의의 꽃이라고 표현하지요.

선거를 통해 누구를 뽑을까요? 여러분이 잘 아는 것처럼 우리나라의 대표인 대통령과 법을 만드는 국회의원을 뽑습니다. 또 국민이 자기가 사는 지역의 일에 더 많이 참여할 수 있도록 시장, 도지사, 군수 등 각 지역의 대표도 직접 뽑아요. 국민은 후보들의 공약과 살아온 삶을 잘 살펴보고 누구를 우리의 대표로 뽑을지 신중하게 선택해야 하고, 당선된 사람들은 국민을 위해 최선을 다해야 할 무거운 책임이 있지요.

민주주의의 꽃이 선거라면 열매는 뭘까요? 뽑힌 대표들이 열심히 일해서 행복하고 더불어 살기 좋은 사회를 만드는 것이 그 열매입니다. '나는 정치에 관심이 없으니까', '후보들 가운데 마음에 드는 사람이 없어서'와 같은 이유로 선거에 참여하지 않고 정치에 무관심한 사람이 많아지면, 당선된 후에 자기의 이익만을 추구하거나 공약을 지키지 않는 대표들이 늘어날 수 있어요. 그래서 계속 지켜보고 관심을 갖는 것도 나라의 주인으로서 해야 할 일이랍니다.

아테네에서 투표에 참여했던 사람은 노예, 어린이, 여성을 제외한 성인 남성뿐이었어요. 오늘날 일정한 나이가 되면 누구나 선거에 참여할 수 있게 되기까지, 고대 아테네에서부터 약 2,500여 년이 걸린 셈입니다. 우리나라는 2020년부터 한 살을 낮추어 만18세가 되면 누구나 투표권을 갖게 되었어요. 이 글을 읽고 있는 여러분도 그리 멀지 않았지요?

시민

태어날 때부터 이미 시민인데, 왜 학교에서는 시민이 되도록 돕는 것일까요?

여러분은 학교에 왜 가나요? 어른들이 가라고 하니까, 친구를 만나려고 등 나름의 이유가 있을 거예요. 우리나라 법에도 학교에 가는 이유가 나와 있어요. 바로 학생들이 '민주시민'으로 자라도록 돕는 것이 학교를 만든 이유랍니다.

'시민'이란 글자 그대로는 '시(市)에 사는 사람'을 말해요. 서울 시민, 인천 시민 등이 있지요. 다른 의미로 '시민'이란 민주주의 사회에서 보장하는 권리를 누리고 있는 사람을 뜻합니다. 민주주의가 시작된 고대 그리스 아테네에서는 어른인 남성만 시민으로 인정했어요. 여성, 어린이, 노예, 외국인 등은 시민의 권리가 없었지요. 오늘날은 평등하게 누구든지 태어날 때부터 그 사회의 시민으로 인정하고 있어요.

 태어날 때부터 이미 시민인데, 왜 학교에서는 시민이 되도록 돕는 것일까요? 민주주의 사회에서는 다양한 사람들이 모여서 생겨나는 힘을 중요하게 생각하기 때문에 시민들의 역할이 매우 커요. 사회의 문제를 자기의 일로 생각하고 함께 지혜를 모으는 일에 참여하는 시민이 많을수록 다 같이 행복한 사회에 가까워질 수 있지요. 그래서 한 명 한 명이 자기의 자유와 권리를 누리면서 동시에 서로 다름을 존중하고 힘을 모으는 법을 배우고 익힙니다. 정부와 기관들은 시민들이 관심을 가지고 의견을 낼수록 시민의 힘을 강하게 느끼고 더 열심히 일하게 돼요.

 어린이 시민으로서 어떤 사회에서 살고 싶은지 생각해 볼까요? 우리 마을, 우리나라, 넓게는 지구 전체에서 일어나는 일들까지 관심을 가지고 보면 친구들과 나눌 이야기가 많아요. 몇 해 전 국립

중앙박물관에 건의해서 체험학습 때 도시락을 먹을 수 있는 쉼터를 만든 친구들이 있어요. 또 어린이들이 바라는 놀이터를 잘 말해 줘서 동네에 있는 빈터를 꿈의 놀이터로 바꾸는 일에 참여한 친구들도 있지요. 이런 일들은 어린이 시민의 힘을 모아서 더 좋은 사회를 만들어 가는 본보기가 되었어요.

  권리 알기, 나를 표현하기, 남을 존중하기, 대화하고 토론하기, 차이를 좁혀가기, 함께 해결하기, 그리고 힘을 모으기. 오늘도 열심히 배우고 있는 우리 시민들이 만들어 갈 더 좋은 사회가 기대됩니다.

미디어

새롭고 솔깃한 정보를 만날 때면 먼저 스스로 질문을 해 봐요.

여러분이 즐겨 보는 유튜브를 비롯하여 카카오톡이나 텔레비전, 라디오 등을 통틀어 '미디어'라고 해요. 미디어는 매체라고도 하는데, '어떤 사실이나 정보를 담아서 사람들에게 전달하는 도구'라는 뜻이에요. 텔레비전이나 라디오는 방송국이 내용을 정하지만, 유튜브나 카카오톡 등은 사람마다 내용을 정하고 이야기도 나눌 수 있는 미디어예요.

우리는 아침부터 밤까지 미디어를 통해 정보를 얻고 사람들과 소통을 하지요. 텔레비전 뉴스, 인터넷 누리집의 기사, 카톡을 통해 친구들과 나누는 이야기들, 유튜브 동영상 등은 우리의 생각에 많은 영향을 미쳐요.

그런데 이렇게 얻는 정보는 모두 다 참일까요? 뉴스에서 어떤 사건을 한쪽의 처지에서만 보여주면 오해가 생겨서 잘못된 보도가 되기도 해요. 인터넷 검색은 때때로 틀린 정보를 줄 수도 있지요. 또 어떤 사람들은 기사나 동영상의 조회 수를 높여서 이익을 얻기 위해서, 또는 내가 원하는 방향으로 사람들의 관심을 끌기 위해서 그럴듯한 가짜 뉴스를 만들어서 퍼뜨리기도 해요. 카톡처럼 친구나 아는 사람이 정보를 전달해 주면 의심 없이 그대로 믿게 돼요. 그래서 정보를 무조건 받아들이지 않고 잘 따져 보는 일이 필요하답니다.

새롭고 귀가 솔깃한 정보를 만날 때 스스로 질문을 해 봐요. '믿을만한 출처일까?', '누군가의 인권을 무시하지 않는 내용일까?', '특별한 사람들만 이익을 얻게 만들어진 정보는 아닐까?' 등등. 쉽지는 않을 거예요. 하지만 이렇게 묻고 답하면서 우리는 미디어에 휘

둘리지 않고 미디어의 주인이 될 수 있어요.

　미디어의 주인은 수많은 정보와 지식 중에서 참된 것을 고르는 사람입니다. 또한 공동의 문제가 생겼을 때 시간과 장소를 넘나들며 다양한 사람들과 생각을 주고받아 더 나은 방법을 찾는 사람이지요. 힘이 없어서 억울한 일을 당한 사람들의 이야기를 널리 알리는 사람이기도 해요. 재미있는 것을 좋아하지만 누군가에게 해로운 내용이라면 거부할 줄 아는 사람입니다. 함께 행복한 사회를 꿈꾸는 우리, 슬기롭게 미디어의 주인이 되어 볼까요?

장애

장애를 가진 사람이 아니라 일상생활 속에서 장애를 겪고 있는 사람이라고 생각해 본다면 어떨까요?

매년 4월 20일은 '장애인의 날'이에요. 왜 하필 4월을 선택했을까요? '4월' 하면 떠오르는 이미지를 생각해 볼까요. 봄의 한가운데, 겨울을 지난 마른 땅에 싹이 움트고 꽃봉오리가 터져 온 세상이 새로운 시작을 환영하는 것처럼 느껴져요. 이러한 봄의 느낌처럼 장애인들에게 장애를 극복하려는 의지를 북돋기 위해 4월 중 한 날을 장애인의 날로 정했다고 해요. 나라에서는 장애를 극복하고 예술, 교육, 운동 등 다양한 분야에서 공을 세운 장애인들에게 표창을 주는 기념식을 열기도 해요.

우리는 흔히들 장애인으로 살아가면서 생기는 어려움과 고난을 불굴의 의지로 헤쳐 나가 어떤 업적을 이룬 사람들을 보고 장애를 '극복했다'라고 말하며 박수를 보내요. 그럼 지금부터 장애인의 날 기념식에서 표창을 받은 다리 한쪽이 없는 마라톤 선수가 기념식이 끝나고 나서 휠체어를 타고 집에 돌아가는 길을 상상해 봅시다. 엘리베이터가 없는 지하철역 앞에서 멈추고, 경사로가 없는 보도블록에서 길을 돌아가고, 몇 번이나 버스를 보내고 저상버스를 기다린 끝에 집에 도착하게 되겠지요. 이 마라톤 선수는 과연 장애를 '극복'했다고 말할 수 있을까요?

엄청난 노력 끝에 악기를 잘 다루고, 운동을 잘하고, 뛰어난 발명을 했다고 해도 여전히 일상생활 속에서는 다양한 장애를 겪게 될 거예요. 장애를 '극복'하는 것은 한 개인의 노력으로는 거의 불가능하지요. 장애인을 'OO장애를 가진 사람'이 아니라 'OO로 인해 일상생활 속에서 장애를 겪고 있는 사람'이라고 생각해 본다면 어떨까요?

다리가 불편하거나, 앞이 잘 보이지 않거나, 소리가 잘 들리지 않거나, 남들보다 조금 느려도 일상생활을 누리는 것에 전혀 문제가 없는 사회라면 더 이상 장애인을 따로 구분하지 않을지도 몰라요. 거리마다 경사로가 잘 갖추어져 있고, 카페에는 그림과 점자로 된 메뉴판이 있고, 대피 경보를 소리뿐만 아니라 진동으로도 알 수 있다면, 누군가가 겪고 있는 장애는 점차 줄어들겠지요.

 '장애인의 날'의 의미를 다시 생각해 봅시다. 4월의 봄꽃처럼 피어날 장애 극복 의지를 응원하는 날이 아니라, 4월의 봄 구경을 즐기기 어렵게 만드는 우리 사회의 장애물들을 함께 찾아보고 바꾸도록 힘을 모으는 날이어야 하지 않을까요?

혐오 표현

성별, 장애, 종교, 지역, 인종 등을 이유로 차별하는 말을 하지 않아야 해요.

'중2병'. 사춘기를 맞이해서 몸과 마음에 변화가 큰 중학교 2학년 전체를 낮추어 부르는 말인데, 너도나도 쓰고 있어요. 이 말은 중학교 2학년 학생들은 모두 병에 걸린 것처럼 이상하다는 뜻을 담고 있어요. 이런 것을 '혐오 표현'이라고 해요.

혐오는 뭔가를 아주 싫어하거나 미워하는 감정이에요. 사람마다 다를 수 있지만 바퀴벌레나 쥐, 썩는 냄새 등을 떠올릴 때 불쾌한 마음이 드는 것처럼 혐오는 위험하거나 더러운 것을 피하게 해서 사람을 보호하기도 해요. 하지만 요즘은 이렇게 본능적인 혐오가

아니라 사회적인 혐오 표현이 늘어나서 큰 문제가 되고 있어요.

혐오 표현이란 '성별, 장애, 종교, 나이, 출신 지역, 인종' 등을 이유로 어떤 사람이나 무리를 차별하는 분위기를 만드는 말을 하는 것이에요. 내가 친구와 싸워서 그 친구를 미워하는 마음이 드는 것과는 달라요. 단지 여자라서, 장애가 있어서, 종교가 달라서, 나이가 적어서 등 편견 때문에 차별하는 것이랍니다. 그럼 누가 차별받게 될까요? 주로 사회적으로 힘이 약하고 목소리가 작은 사람들이 차별을 당하게 되지요.

혐오 표현은 욕설과는 다르게 평범한 단어를 살짝 바꾼 말이 많아서, 많은 사람이 유행어처럼 재미있게 생각하고 사용하기도 해요. 그래서 차별에 동참하고 있다는 생각 없이 자기도 모르게 다른 사람의 인권을 침해하게 된답니다.

혐오 표현을 자연스럽게 쓰는 사회에서는 인권을 보호받지 못하는 사람이 늘어날 수 있어요. '노키즈존'이라고 써 붙이고 어린이들의 출입을 금지하는 식당과 카페가 늘어난다면 어느 순간 '노할아

버지존'이나 '노외국인존'이 생길지도 모르는 일이지요.

　이렇게 차별을 부추기는 혐오 표현에 우리가 같이 맞서 볼까요? 무심코 사용했던 혐오 표현을 멈추고 거부해요. '노키즈존'을 붙인 가게 앞에서 "이건 어린이를 차별하는 거예요"라고 말해 줘요. 함께 살아가는 다양한 사람들을 이해하고 존중하는 것은 다른 사람을 위한 일이면서 자기를 위한 일이기도 하지요. 가장 약한 사람까지 차별 없이 존중하는 사회가 되어야 누구나 행복하게 자기 삶을 가꿀 수 있기 때문입니다.

공정

**어느 한쪽으로 치우치지 않고 공평하더라도
올바르지 않다면 공정이라 할 수 없습니다.**

'공정하다', '공정사회', '공정무역', '불공정' 등의 낱말을 살펴보면 공통으로 들어 있는 낱말이 있어요. 바로 '공정'이에요. '공정(公正)'이란 무슨 뜻일까요? 사전에서 찾아보면 '공평하고 올바르다'라는 뜻이 있어요. '공평하다'는 어느 한쪽으로 치우치지 않고 고르다는 뜻인데, 여기에 '올바르다'라는 의미까지 담겨 있어요. 다시 말해서 어느 한쪽으로 치우치지 않고 고르지만, 올바르지 않다면 공정이라 할 수 없습니다.

세계의 모든 나라에는 법이 있어요. 질서를 유지하고 국민의 안전을 지키기 위해 법을 바탕으로 나라를 운영합니다. 만약 누군가가 법을 어긴다면 위법의 종류, 심각성에 따라 감옥에 가거나 벌금을 내게 하지요. 모든 국민은 성별, 나이, 경제력, 지위 등의 다름에 따라 법을 다르게 적용받지 않고, 누구나 동일하게 법을 어기면 같은 처벌을 받고 있습니다.

　그런데 한 가지 생각을 해 볼까요? 하루 벌어 하루를 사는 가난한 화물차 기사와 연봉 10억을 받는 최고급 스포츠카를 소유한 사장이 있습니다. 화물차 기사는 서둘러 일을 해야 해서 마땅한 주차장이 없을 때는 도로 한쪽에 불법 주차를 했어요. 사장은 카페 앞에 바로 주차장이 있는데도 도로 한쪽에 불법 주차를 하고 커피를 사러 갔어요. 불법 주차는 법을 위반한 행위임으로 둘 다 벌금 4만~13만 원을 내야 합니다.

　화물차 기사와 사장에게 벌금 10만 원은 같은 가치를 지닐까요? 화물차 기사는 벌금을 내면서까지 계속 불법 주차를 할까요? 사장은 자신의 연봉에 비해 10만 원이란 돈의 가치가 클까요? 과연 공정하다고 말할 수 있을까요? 공정은 공평과 더불어 올바른 가치를 실천하는 것이라 할 수 있습니다.

현재 독일을 비롯한 유럽의 여러 나라는 같은 법을 어기더라도 재산에 따라, 소득에 따라 다른 벌금을 내게 합니다. 어떤 회사 사장이 속도위반으로 1억 원이 넘는 벌금을 냈고, 유명한 핸드폰 제조사 부사장이 과속을 하여 2억 원이 넘는 벌금을 낸 일은 좋은 예가 될 수 있어요. 우리나라도 오래전부터 국회나 정부에서 재산에 따라, 소득에 따라 차등 벌금을 내는 법을 만들기 위해 노력을 하고 있는 중이지만, 아직까지는 합의가 이루어지지 않고 있어요.

공정은 나뿐만 아니라 주변에 있는 모든 사람이 함께 잘 살기 위한 올바른 가치입니다. 나만 성공하려 애쓴다면 주변 사람이 어떻게 되든지 상관하지 않을 것이에요. 만약 수많은 사람이 나만 성공하려 애쓴다면 우리 사회는 어떻게 될까요? 약자를 배려하는 마음과 잘못된 것을 바꾸고 올바른 것을 실천하기 위한 용기와 결단을 통해 함께 더 나은 공동체를 만들 수 있습니다.

연대

**혼자서는 해결할 수 없다는 사실을 깨닫고
사람들은 작은 힘을 하나씩 모읍니다.**

옛날 원시인들의 삶은 지금 우리가 사는 모습과는 큰 차이가 있어요. 우리는 집에서 살고, 다양한 음식을 조리해 먹으며 생활합니다. 또 다른 차이가 하나 있어요. 옛날 사람들은 작은 규모의 사회를 이루며 살았지만, 지금 우리는 가족, 친척, 마을, 이웃 등 수많은 공동체 속에서 다양한 사람들과 관계를 맺으며 살고 있습니다.

사람은 사회적 동물이라고 해요. 많은 사람들 속에서 자신을 이해하고 사람들과의 관계 맺음을 통해 자신을 발견합니다. 사람은 혼자서 살아갈 수 없다는 의미이지요. 예전에는 가족 관계니까 또는 먹이를 함께 구하기 위한 목적으로 서로 힘을 모았다면, 지금은 여러 가지 이유로 함께 힘을 모으기 위해 노력합니다. '연대(連帶, solidarity)'는 사회가 복잡해지고 많은 사람이 지구에 살면서 그 의미가 차츰 변화되었어요.

대한민국 여성 최초로 조선소의 용접공으로 입사한 사람이 있어요. 수십 년 전의 일하는 공간은 열악했습니다. 수만 명이 일하는 곳에 화장실이 하나밖에 없고, 식당은 아예 없었어요. 점심시간이 되면 집에서 싸 온 도시락으로 끼니를 해결해야 했고, 화장실에 가고 싶어도 맘대로 갈 수가 없었어요. 이런 상황에서 그 여성은 26살의 어린 나이에 회사를 상대로 사람들의 의견을 전달합니다. 화장실, 식당 등 노동하는 사람들의 기본적인 욕구를 해결해 달라고 요구를 하지요. 그러나 회사는 그 여성을 해고합니다.

이때부터 사람들은 연대의 희망을 보여줍니다. 혼자서는 해결할 수 없다는 사실을 깨닫고, 작은 힘을 하나씩 모읍니다. 이후 어떻게 되었을까요? 여러분이 예상한 바대로 점차 일하는 환경은 나아지고 해고되었던 사람들도 하나둘씩 회사로 돌아오게 됩니다. 여성 최초의 조선소 용접공이었던 김진숙 씨는 이렇게 말합니다. "한 개인은 작고 보잘것없는 존재야!" "그냥 사람들이 모여야 돼!"

소금꽃 김진숙을 지킵시다!

우리나라 최초의 조선소 여성 용접공 김진숙은 여러 모로 '연대'의 상징이기도 했습니다. 2010년 12월 한진중공업에서 생산직 근로자 400명을 희망퇴직시키기로 결정하자, 이에 반발하여 김진숙은 2011년 1월 6일부터 35미터 높이의 아찔한 크레인 위에 올라가 고공 농성에 들어갑니다. '소금꽃 김진숙을 지킵시다!" 절망은 희망을 결코 꺾을 수 없습니다.' 아슬아슬한 크레인 위에서의 생활이 200여 일에 접어들자 종교인, 정치인을 비롯한 사회 각계각층의 사람들이 함께 연대하여 김진숙을 응원하기 시작했습니다. 결국 2011년 11월 10일, 노사 합의에 따라 김진숙은 309일간의 크레인 농성을 끝내고 무사히 땅으로 내려올 수 있었습니다. 김진숙은 2011년 박종철 인권상, 2020년 NCCK 인권상을 받았습니다.

"
채식
기후 정의 육식
기후 위기 생물 다양성
박테리아 지구온난화
내분비 교란물질 탄소 중립
재생에너지 플라스틱
지속 가능한 발전
UN 지속가능 발전 목표
"

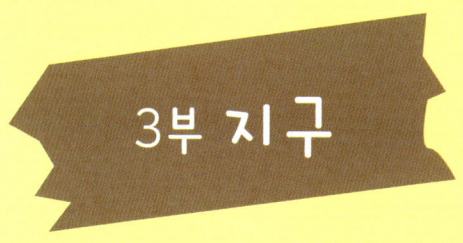

3부 지구

온 생명이 함께 사는 삶터인
지구를 살펴봐요

지구온난화

왜 지구가 점점 더 따뜻해지고 있다고 하는 걸까요?

바로 이산화탄소와 메테인(메탄) 가스 때문이에요. 이산화탄소와 메테인 가스는 열을 받았다가 내어놓는 성질이 있어요. 이런 기체를 '온실가스(온실기체)'라고 부릅니다. 이런 온실가스가 늘어나면 지구의 평균 기온이 높아지게 되지요.

온실가스는 수증기와 함께 지구를 따뜻하게 덮어 주는 이불 같은 역할을 해 왔어요. 그러나 지금은 그 양이 너무 많아져서 지구의 평균 기온이 급격하게 높아지고 있는 거예요. 이것을 '지구온난화'라고 불러요. 그럼 왜 지구에 이산화탄소와 메테인 가스 같은 온

실가스의 양이 늘어났을까요?

우리 인간은 편리한 생활을 하기 위해 에너지를 사용해요. 사람이 할 일을 기계에게 시키면 힘을 덜 들이고 많은 일을 할 수 있지요. 그래서 기계에게 에너지를 주는데, 그때 화석연료를 태우게 돼요. 화석연료는 석탄과 석유예요. 석탄과 석유를 태워서 생기는 열에너지를 전기에너지 또는 운동에너지로 바꾸게 되는데, 이때 이산화탄소가 대량으로 발생하는 것이지요.

이런 식으로 공장에서 가장 많은 에너지를 쓰고, 이산화탄소도 가장 많이 배출해요. 그 다음은 물건이나 사람을 실어 나르는 자동차, 그 다음으로 큰 건물과 상점의 순이고, 가정에서 배출하는 양은 10% 정도예요. 따라서 물건을 만들고 옮기는 데에서 이산화탄소가 가장 많이 발생한다고 할 수 있지요.

위기를 느낀 세계 사람들이 모여서 온실가스를 줄이고자 회의를 하고 있어요. 과거에도 여러 회의가 있었는데, 최근에는 2015년 파리에서 열렸어요. 그때 파리에서 맺은 약속을 '파리협약'이라

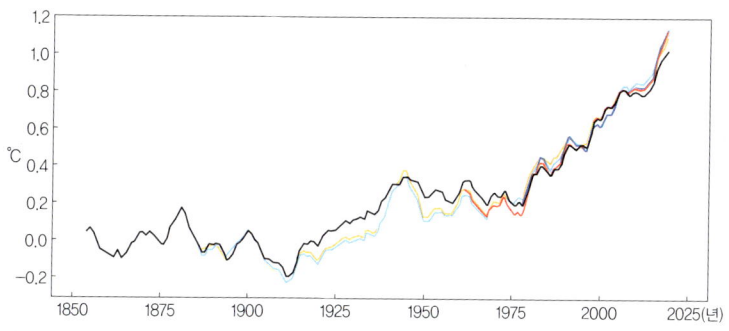

1854~2019년 전 지구의 평균 기온 상승 그래프. 지구의 평균 기온은 이미 1℃가 올랐어요. (자료·영국 기상청)

고 하는데, 지구의 평균 기온 상승을 2℃ 이하로 막아야 인류의 종말을 막을 수 있다고 했어요. 그러나 2℃가 아니라 1.5℃ 이하로 막아야 한다는 연구 결과가 나왔고, 전 세계 과학자들도 이에 동의했어요. 여기서 잠깐! 지구의 평균 기온이 이미 1℃ 올랐다는 사실을 잊어서는 안 돼요. 지구에서 인류가 살아남을 수 있는 온도가 이제 0.5℃ 남은 셈이에요.

기후 위기

지구 온도가 얼마나 변했기에 위기라고 하는 걸까요?

요즘 TV나 인터넷에서 '기후 위기'라는 말을 한 번쯤 들어 봤겠죠? 우리가 살고 있는 지구의 기후가 위기에 처해 있다는 말이죠. 지구의 기후가 왜 위기에 처했을까요? 얼마나 위태로운 위기에 처한 걸까요? 또 그 위기에서 벗어나려면 어떻게 해야 할까요?

먼저 '기후'라는 말은 우리가 흔히 쓰는 '날씨'와는 약간 다른 뜻이에요. 날씨는 오늘 날씨, 올해 날씨, 작년 날씨 등 좀 짧은 기간을 따져서 하는 말이에요. 그러나 기후는 날씨보다 훨씬 더 긴 기간인

수십 년부터 수백, 수천 년 동안의 날씨 변화를 이르는 말이에요.

 기후를 결정하는 여러 가지 요소 중에서 가장 중요한 것은 기온과 강수량이에요. 온도와 습도라고 생각해도 좋아요. 기후학자들은 오랜 세월 동안의 날씨가 얼마나 따뜻한지, 얼마나 비가 많이 오는지를 따져서 기후를 설명해요. 그 둘 가운데에서도 생명 활동에 조금 더 중요한 요소는 바로 온도예요. 요약하자면, 그 온도가 높아져서 지구가 위기에 빠지게 됐다는 얘기예요.

 그럼 지구 온도가 얼마나 변했기에 위기라고 하는 걸까요? 과거 100년 동안 지구 온도는 얼마나 변했을까요? 무려 1℃가 올랐어요. '애걔, 고작 1℃라고?' 하는 생각이 들죠? 맞아요. 별거 아닌 온도 변화라는 생각이 들어요. 하지만 과거에 가장 빨리 변한 것이 10,000년에 4℃라고 해요. 100년으로 나누면 0.04℃이지요. 이것에 비하면 엄청난 온도 변화 속도라고 할 수 있겠죠? 이만큼 원래 지구 온도는 천천히 변해 왔고, 지구 생명들이 거기에 적응해서 살아가고 있었어요.

기후가 바뀌어서 사막에 비가 내리고, 추운 곳이 따뜻해지면 좋겠지만 그렇다면 왜 위기겠어요? 기온이 오르면 수증기가 더 많이 증발하게 돼요. 그러면 가뭄은 더 심해지고, 태풍은 더 커지고, 홍수는 더 자주 발생할 거예요. 남극과 그린란드의 얼음이 녹으면 바닷물이 늘어나 해안가의 도시들이 물에 잠길 거예요. 얼어 있던 땅이 녹으면 그 속에 오랜 시간 얼어 있던 박테리아나 바이러스가 풀려나고, 이런 미생물과 바이러스에 적응이 안 된 생물들을 위협할 확률도 매우 높아요. 이렇게 우리 인류가 만든 문명은 심각하게 위협받게 돼요. 그래서 기후 변화라는 말을 사용하다가, 최근에는 기후 위기라는 말을 쓰게 되었습니다.

기후 정의

5%의 부자들이 온실가스의 37%을 배출하고 50%의 가난한 사람들은 고작 6%를 배출합니다.

기후 문제는 결국 에너지 문제입니다. 이산화탄소는 에너지를 사용할 때 주로 발생하기 때문이에요. 그럼 에너지를 누가 이렇게 많이 쓰는 것일까요? 지난 50년간 누적하여 온실가스를 배출한 나라 중 압도적인 1위는 미국입니다. 그 뒤를 중국, 인도, 러시아, 독일, 일본, 캐나다 등의 선진국이 따르고 있어요. 계산 방법에 따라 약간의 차이가 있지만, 우리나라는 10위 정도예요. 물론 미국과 중국이 압도적으로 많은 배출량으로 1, 2위이지만, 온실가스 배출 증가율로 따지면 대한민국이 1위를 차지하며 '기후 악당'으로 불리고 있

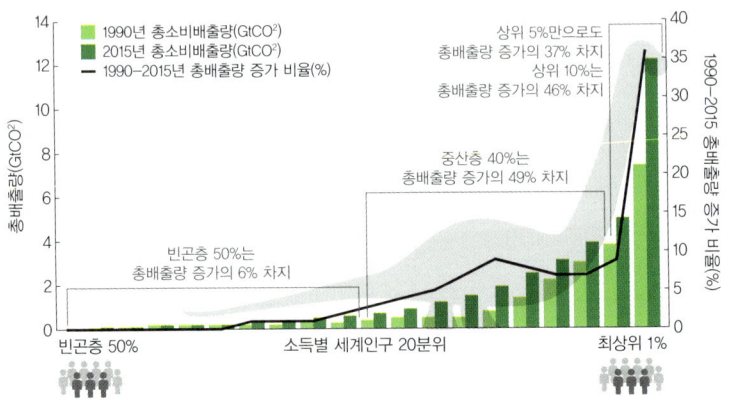

1990~2015년 소득수준별 온실가스 배출량. 상위 5%의 부자들이 온실가스의 37%를 배출하고 있고, 10%의 부자들이 전 세계 배출량의 46%를 차지하고 있어요.
(자료·옥스팜 www.oxfam.org)

을 정도예요. 우리나라의 책임이 작지 않은 부분입니다.

물론 이 글을 읽고 있는 학생들의 책임이라기보다는 우리나라의 산업이 발생시킨 것이 대부분입니다. 우리나라는 화력발전소와 제철소, 철강 산업, 석유화학공업 등에서 막대한 이산화탄소를 발생시킵니다.

소득수준별 배출량을 살펴보면, 5%의 부자들이 온실가스의 37%를 배출하고 있고, 10%의 부자들이 전 세계 배출량의 절반가량을 차지하고 있습니다. 전체 에너지의 절반을 고작 10%의 부자들이 독점하고 있다는 뜻이지요.

50%의 가난한 사람들은 총배출량의 6%를 차지하고 있는데, 이는 이들이 전체 에너지의 고작 6% 정도만 쓰고 있다는 의미이기도 하지요. 이것은 심각한 '에너지 불평등'이고 '기후 불평등'입니다.

지금 기후가 심각한 위기에 빠져 있기 때문에 모두가 나서서 책임을 지고 기후 변화를 늦춰야 하지만 책임의 무게가 같을 수는 없습니다. 만약 여러 명이 같이 식사를 하는데 어떤 사람은 비싸고 좋은 음식을 먹고, 어떤 사람은 싸고 맛없는 음식을 먹었는데 똑같은 음식 값을 내야 한다면 부당하겠죠? 이처럼 에너지 불평등을 줄이고 책임을 차별적으로 지는 것이 바로 '에너지 정의'이며 '기후 정의'입니다.

재생에너지

**환경을 오염시키지도 않고, 사라지지도 않고,
지구 모든 곳에 존재하는 공평한 에너지입니다.**

 인류는 석탄과 석유를 통해 에너지를 얻었고, 문명을 발전시켜 왔어요. 하지만 이제 더 이상 석탄과 석유를 통해 에너지를 얻기 힘들어졌어요. 바로 지구온난화에 따른 기후 변화 때문이에요. 이제 새로운 에너지가 필요한 때입니다. 환경을 오염시키지 않는 새로운 에너지를 '재생에너지'라고 불러요.

 재생에너지는 태양, 바람, 물, 땅에서 얻는 에너지를 말해요. 이것은 환경을 오염시키지도 않고, 사라지지도 않고, 지구 모든 곳에 존재하는 공평한 에너지입니다.

태양에서 에너지를 얻는 방법에는 두 가지가 있어요. 빛이 반도체에 닿으면 전기가 생기는 현상을 이용한 '태양광발전'과 태양열로 물을 데워서 온수를 이용하거나 물을 끓여 발전하는 '태양열발전'이 그것이에요. 이처럼 태양에너지를 사용하는 방식은 에너지원이 공짜이고, 태양이 사라지지 않는 한 고갈되지 않아요. 그러나 밤이 되거나 흐린 날에는 사용하기 어렵다는 한계도 있어요.

바람으로 전기에너지를 만드는 방법은 간단해요. 커다란 바람개비를 바람 많이 부는 산이나 바다에 설치하여 발전기를 돌리는 것이에요. 풍력발전 역시 에너지원이 공짜이고, 바람이 부는 한 고갈될 리 없는 에너지입니다. 그러나 바람이 불지 않거나 너무 세게 불면 에너지를 생산할 수 없다는 한계가 있어요.

물로 전기에너지를 얻는 방법도 간단합니다. 수력발전은 물이 높은 곳에서 낮은 곳으로 흐르는 것을 이용해 전기를 만드는 방식이에요. 물의 양이 많을수록, 높이 차가 클수록 에너지가 많이 생기므로 댐을 만들어서 수력발전을 해 왔습니다. 그러나 이 방식은 생태계를 파괴하는 문제가 있어, 최근에는 강물의 흐름을 일부만 막아서 작은 마을 단위에서 사용하는 소수력발전을 늘려가고 있어요.

지열발전은 땅속에 있는 열을 이용하는 방법이에요. 지구 땅 속에는 매우 뜨거운 열이 있습니다. 그 뜨거운 열을 이용하여 물을 끓이거나 물의 온도를 높여 에너지를 아끼는 방법으로 발전을 할 수 있어요. 또는 직접 그 뜨거운 물로 난방을 하거나 온수를 사용하는 방법으로 에너지를 이용할 수 있어요.

이 가운데 가장 인기가 좋은 방식은 역시 태양광발전과 풍력발전이에요. 하지만 발전 시설을 어디에 어떻게 설치하느냐에 따라 오히려 환경에 나쁜 영향을 줄 수 있기 때문에 설치 장소와 방법을 신중히 선택해야 합니다.

탄소 중립

탄소 중립이란 무엇일까요?
탄소를 어떻게 중립으로 만든다는 거죠?

'탄소 중립(NET ZERO, 넷 제로)'이란 인간의 활동으로 배출되는 이산화탄소를 흡수하고 제거하여 순 배출량이 0이 되도록 만드는 것을 말해요. 탄소 중립은 기후 변화의 원인인 이산화탄소 발생을 줄이면서 동시에 이산화탄소를 흡수하여 기후 변화를 줄이겠다는 목표이자 계획이지요. 유엔(UN)의 기후 변화에 관한 정부 간 협의체에서는 탄소 중립 목표를 2050년까지 달성해야 한다고 선언했어요. 이것은 지구의 평균 기온 상승 1.5℃를 지키는 최소한의 목표이므로 모든 지구인이 해내야 하는 일입니다.

이에 세계 여러 나라에서는 2050년까지 탄소 중립을 달성하겠다고 선언했어요. 우리나라도 2020년 10월에 2050년까지 탄소 중립을 달성하겠다고 선언했어요. 탄소 중립을 위해서는 두말할 것도 없이 화석연료 사용을 확 줄이고, 재생에너지를 그만큼 늘려야 해요. 즉, 석탄 발전을 멈추고 태양광발전, 풍력발전을 해야 하지요. 그러나 당장 발전 방식을 바꾸는 데에는 시간이 걸리고, 그 기간에 불편을 견뎌내야 해요. 에너지 절약이 아니라 과감하게 에너지 사용을 제한해야 한다는 주장이 여기서 나옵니다.

그리고 어쩔 수 없이 발생된 이산화탄소를 흡수해야 하는데, 나무를 심어서 흡수하거나 이산화탄소를 모으는 장치로 제거해야 하지요. 하지만 이산화탄소를 모으는 장치는 아직 써먹기에 문제가 많아 어려워요.

결국 남은 방법은 나무를 많이 심는 일이에요. 소나무 한 그루는 1년에 이산화탄소 약 8kg을 흡수한다고 하니, 15그루가 있으면 승용차 한 대가 내는 이산화탄소를 흡수할 수 있어요. 우리나라 산림청에서는 앞으로 2050년까지 30억 그루의 나무를 심겠다고 계획을 했어요(2021년 8월 현재). 그러면 약 30년간 3,400만 톤의 이산화탄소를 흡수할 수 있다고 해요.

그러나 우리는 2030년까지 2010~2020년 사이에 배출한 이산화탄소의 45%를 줄여야 하므로 이산화탄소 흡수보다는 배출을 줄이는 것이 훨씬 더 시급하지요.

탄소 발자국

새하얀 눈 위를 걸어가면 발자국이 찍히는 것처럼 우리가 살아가면서 남기는 오염 물질도 발자국을 남깁니다. '탄소 발자국'은 개인 또는 기업, 국가 등의 단체가 직간접적으로 발생시키는 온실가스, 특히 이산화탄소의 총량을 말합니다.

탄소 발자국. (자료·환경부)

보통 제품을 만들거나 이동하고 소비하는 모든 과정에서 발생하는 온실가스의 발생량을 이산화탄소 배출량으로 환산하여 라벨 형태로 제품에 표시하지요. 표시 단위는 킬로그램 또는 온실가스를 감소시키기 위해 우리가 심어야 하는 나무의 수로 나타냅니다. 제품을 구입할 때는 탄소 발자국을 꼼꼼히 확인하고, 탄소 발자국을 줄이기 위해 함께 노력해야 할 것입니다.

생물 다양성

지구상의 800만 종 이상의 동식물 중 약 100만 종이 멸종 위기에 처해 있다고 해요.

바나나가 멸종 위기에 처했다는 이야기를 들어 본 적이 있나요? 세계적으로 바나나 품종은 모두 172종이 등록되어 있어요. 사람들은 그중에서 맛이 좋고 기르기 쉬운 '그로 미셸'이란 한 품종만 대량으로 생산하기로 결정했고, 그 결과 다른 품종의 바나나는 거의 사라졌어요. 덕분에 많은 사람들은 싼 가격에 맛이 좋은 바나나를 쉽게 먹을 수 있게 되었죠.

그런데 파나마에서 처음 발견돼 '파나마병'으로 불리는 전염병이 바나나에 퍼지기 시작해요. 곰팡이에 감염되어 바나나가 말라

죽는 치명적인 병이지요. 사람들이 선택한 '그로 미셸' 품종의 바나나 유전자는 전염병에 취약해 병이 급속히 번졌고, 결국 바나나 생산이 중단됩니다. 그 이후 겨우 찾아낸 바나나 품종이 지금 우리가 먹는 '캐번디시' 품종이에요. 그러나 이 바나나에서도 새로운 변종 곰팡이 균이 발견되어, 바나나를 폐사하고 있는 농장이 많다고 해요. 이렇게 지구에서 멸종 위기에 처한 것은 바나나뿐만이 아닙니다.

2019년에 발표된 〈지구평가보고서〉에 따르면, 지구상의 800만 종 이상의 동식물 중 약 100만 종이 멸종 위기에 처해 있다고 해요. 생물 다양성이 감소하고 있는 것이죠. '생물 다양성'이란 지구상의 생물이 다양한 정도를 말해요. 생물 종이 다양한 정도를 말하는 '종 다양성', 생물이 살아가는 환경이 다양한 '생태계 다양성', 같은 종이라도 유전적 형질이 다양한 '유전자 다양성'을 모두 포함한 개념이에요.

지구상의 생물이 다양하게 유지되는 것이 중요한 이유는 무엇일

까요? 먼저 앞서 본 바나나의 사례처럼 어느 한 품종의 유전자가 다양하지 않을 경우 전염병이 번졌을 때 전멸할 수 있어요. 또 생물 다양성은 나라 간의 불평등 문제와도 연결되어요. 먼저 개발을 시작한 선진국은 자신들의 이익을 위해 개발도상국의 삼림을 파괴해 대농장을 만들거나 싼값에 생물자원을 가져갔어요. 그로 인해 생겨나는 홍수, 사막화, 수질 오염 등의 피해는 개발도상국의 몫이 되지요. 개발도상국은 복구 비용을 마련하고 경제를 회복하기 위해 자연을 이용하고, 결국 다시 생물 다양성을 훼손하는 악순환이 반복되기도 해요.

무엇보다도 생물 다양성의 감소는 지구 환경에 큰 영향을 미쳐요. 지구 생태계의 생물들은 각자 자신의 역할을 수행하며 서로 의존하고 연결되어 있어요. 생물 다양성이 감소하면 자연은 스스로 정화할 수 있는 힘을 잃고, 이를 회복하기 위해서 다시 많은 자원과 에너지가 필요해요. 자연은 다양성을 추구하고 다양함 속에서 조화로운 상태를 유지할 수 있어요.

지속 가능한 발전

**인류를 포함한 다른 생명체들의
생존을 위협하지 않는 조건에서만
개발과 발전이 이루어져야 해요.**

　혹시 동태찌개, 생태탕, 북어구이, 황태 무침, 노가리, 코다리찜 이런 요리들에 대해서 들어 보았나요? 모두 바다 생선인 명태로 만든 요리이지요. 1980년대까지만 해도 동해에서 잡힌 명태로 전 국민이 다양한 명태 요리를 맛볼 수 있었어요. 하지만 1990년대 들어서 명태의 새끼인 노가리도 잡을 수 있게 허용하면서 명태 수는 빠르게 줄어들었어요. 10년 만에 명태 어획량은 10분의 1이 되었고, 결국 지금은 동해에서 우리 명태를 거의 찾아볼 수 없게 되었어요. 뒤늦게 법을 고쳐 어린 물고기나 알을 낳는 시기가 된 물고기는 잡지 못하게 했지만, 한번 사라진 명태는 지금도 돌아오지 않고 있습니다.

오늘날 명태 잡이의 사례처럼 무분별한 남획과 개발 때문에 회복하기 어려운 자연훼손이 발생하고 있어요. 게다가 멸종되는 동식물들이 크게 늘어나고 있지요. 이렇게 내버려 두면 얼마 가지 않아서 지구는 다른 생물은 물론 인류조차도 살아갈 수 없는 죽음의 별이 되고 말 것입니다.

눈앞의 이익을 좇아 미래 세대를 생각하지 않고 막무가내로 환경과 생태계를 파괴하면서 회복 불가능한 상태로 만드는 개발은 경제 발전이라는 말로 아무리 그럴싸하게 포장해도 더 이상은 용납할 수 없게 되었습니다. 개발을 하더라도 환경과 생태계가 회복할 수 있는 정도로만 개발을 제한할 필요가 생긴 것이지요. 1992년 세계 여러 나라의 지도자들이 브라질의 리우데자네이루에서 회의를 열고 '환경과 발전에 관한 리우선언'을 채택한 까닭이에요.

'지속 가능한 발전'이라는 말은 이 회의에서 주목받았던 말이에요. 만약 명태를 잡더라도 어린 노가리나 알을 품은 명태를 잡지 않도록 지속 가능한 방식으로 했다면 명태는 사라지지 않았을지 모릅니다. '지속 가능한 발전'이란 인간이 살아가기 위해 자연을 이용할 수밖에 없지만, 인류를 포함해 다른 생명체들의 생존을 위협하지 않는 조건에서만 개발과 발전이 이루어져야 한다는 말이에요.

그리고 한 가지 더 강조할 것이 있어요. 리우선언은 개발과 발전으로 누리는 혜택의 크기만큼 그 혜택을 누리는 국가나 사람들이 그에 따르는 책임 또한 공평하게 져야 한다는 것도 분명히 하고 있어요.

채식

고기를 안 먹고 살 수 있나요?

　요즘 채식을 하는 사람들이 많아지고 있어요. 채식의 방법은 여러 가지입니다. 물고기는 먹는 채식주의도 있고, 달걀과 우유를 먹는 채식주의, 달걀과 고기는 먹지 않지만 우유는 먹는 채식주의, 동물성 식품을 전혀 먹지 않는 비건도 있어요. 그냥 채식이 좋아서 또는 종교, 신념, 건강, 알레르기 등 채식하는 이유도 다양해요.

　요즘 콩, 버섯, 호박으로 채식 고기를 만들어서 파는 회사가 많이 생겼어요. 그것을 사 먹는 사람도 늘어나고 있어요. 여러분이 좋아하는 햄버거도 채식 고기로 만들 수 있어요. 햄버거 패티의 덜 익

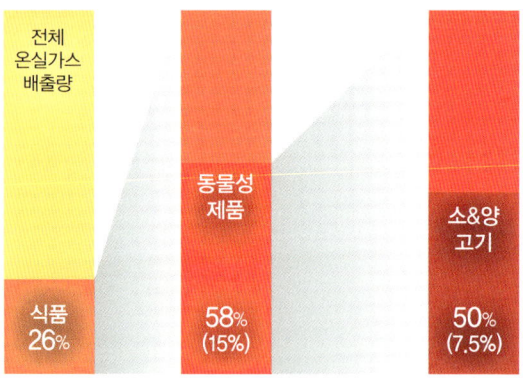

식품 종류별 온실가스 배출량. 전체 식품 가운데 동물성 제품이 58퍼센트이고, 이 가운데 소와 양고기가 절반을 차지해요. (자료·Poore & Nemecek 2018, Science)

은 피 맛도 흉내 낼 정도로 맛있다고 해요. 마이크로소프트사의 빌 게이츠는 기후 위기를 해결하기 위해서는 채식을 해야 한다고 주장하고 있어요. 지구를 버리고 화성에 가서 사는 일을 고민할 때가 아니라고요. 왜 이런 주장을 하는 걸까요?

전체 온실가스 배출량에서 식품이 차지하는 비율은 26퍼센트입니다. 그중 동물성 제품은 58퍼센트이고, 소와 양고기가 절반을 차지해요. 전체 온실가스 배출량으로 따지면 7.5퍼센트입니다. 가축을 키울 때 드는 전기, 가축들이 내뿜는 방귀, 사료로 쓰일 콩이나 옥수수를 기르고 옮기는 데 드는 에너지로 인해 온실가스가 배출되어 기후 위기를 초래한다고 해요.

소는 원래 풀을 먹고 사는 동물이에요. 그런데 많은 소를 한꺼번에 키우려고 하다 보니까 풀이 모자라게 된 거예요. 그래서 옥수수를 먹이기 시작했어요. 옥수수를 키우려다 보니 넓은 땅이 필요해서 브라질의 열대우림을 파괴했어요. 열대우림이 파괴되니 나무들이 흡수해야 할 이산화탄소가 적어지게 되었다고 합니다. 우리가 소와 양을 먹게 되면 기후 위기를 초래하는 온실가스를 그만큼 배출한다는 뜻이에요.

온실가스를 가장 많이 내뿜는 것은 공장과 운송 수단(자동차, 배, 비행기 등)이지만, 채식을 하거나 고기를 덜 먹는 것이 지구와 인류를 위해 이롭다고 볼 수 있어요.

육식

고기를 많이 먹으면
지구가 위험에 빠지나요?

우리는 거의 매일 밥상 위의 죽은 동물들을 먹어요. 닭고기, 돼지고기, 소고기 모두 죽은 것들이죠. 우리는 고기를 대부분 불로 익혀서 먹습니다. 불로 고기를 익혀 먹으면서 인간의 뇌가 커졌다는 주장이 있어요. 단백질을 충분히 먹어서 그렇게 됐대요. 다른 동물을 먹음으로써 인류는 진화한 셈이지요. 하지만 고기 소비가 늘면서 많은 문제가 생기고 있어요.

가축을 한꺼번에 많이 키우면 고기 가격은 싸져요. 하지만 좁은 곳에서 많은 가축을 키우다 보니 동물들이 한꺼번에 병에 걸리지 않도록 항생제를 먹이게 되지요. 또 가축을 빨리 키워서 팔려고 촉진제를 쓴답니다. 이 항생제와 촉진제는 결국 사람들이 먹게 되고, 많은 병을 일으키게 됩니다. 동물을 위해서든 인간을 위해서든 건강하게 먹거리를 만드는 것이 필요하답니다.

닭은 인류와 함께 살아오면서 가장 안전한 방법으로 종족을 유지해 온 동물이에요. 닭이 없었다면 인류는 극심한 영양실조에서 벗어나기 어려웠을 거예요. 그런데 많은 닭들이 A4 종이 한 장 넓이의 닭장에서 40일 정도 살다가 닭고기로 팔립니다. 날갯짓을 마음껏 할 수도 없고, 지렁이를 잡아먹고 땅도 쪼면서 살 수 없어요. 우리가 즐겨 먹는 닭들이 이렇게 살다 죽었다고 하니 마음 한편이 무겁죠? 그래서 동물복지 인증제도가 생겼어요. 닭들이 원래의 본성대로 살 수 있게 풀어서 키우도록 하는 거예요. 돼지들도 마찬가지예요. 진흙 목욕탕을 만들어 주고, 어두운 동굴 같은 곳에서 새끼를 낳을 수 있도록 해 주는 것이지요.

사람이 꼭 동물을 먹어야만 하느냐고 생각하는 사람이 있어요. 동물성 단백질 대신 콩으로부터 식물성 단백질을 섭취하면 된다고 주장하는 사람이 있어요. 많은 과학자들이 이걸 연구 중인데, 몸에 좋다는 쪽과 몸에 좋지 않다는 쪽으로 나뉘어 있어요.

동물도 감정을 느끼고 간단한 의사소통을 한다고 해요. 감정을 느낀다는 것은 고통도 느낄 줄 안다는 것입니다. 먹기 위해 동물을 죽일 때 고통을 짧게 느끼도록 배려해야겠지요. 동물을 먹든 안 먹든 하나의 생명체로서 동물을 대해야 하는 것은 변함이 없어요. 우리 몸에 죽은 생명들이 깃들어 있기에 우리가 살아가고 있음을 기억해야 합니다.

박테리아

박테리아와 바이러스는
늘 헷갈립니다.

　눈에 보이지 않는 생물을 흔히 미생물이라고 불러요. 그 미생물들 가운데 박테리아와 바이러스는 늘 헷갈립니다. 박테리아는 우리말로 세균을 말해요. 세균은 종류가 어마어마하게 많아요. 이를 썩게 하는 충치균, 김치나 요구르트에 있다는 유산균, 식중독을 일으키는 황색포도상구균과 살모넬라균, 우리 장 속에서 오랜 기간 함께 살아온 대장균, 전염병을 일으키는 이질균, 콜레라균, 폐렴균, 장티푸스균 등 약 2,000종이 넘게 있다고 하지요.

　이런 세균(박테리아)에는 병을 일으키는 균도 많지만, 인간을 포

함한 동식물에 반드시 필요한 종류도 있어요. 가장 유명한 유산균을 비롯해 초식동물의 장 속에서 섬유질을 분해하는 균, 인간의 장 속에서 비타민B와 K를 만드는 대장균, 식물이 공기 중의 질소를 이용하여 자라고 양분을 만들 수 있게 하는 질소고정세균, 바닷속에 산소를 공급하는 남세균 등이 있어요.

그럼 바이러스는 대체 무엇일까요? 바이러스는 세균과 비교를 통해서 이해하는 것이 쉬운데, 먼저 크기가 달라요. 세균이 바이러스보다 100배 정도 큽니다. 바이러스는 작아서 보통 현미경으로는 보이지 않아요. 그래서 발견도 늦게 되었지요.

또 세균은 스스로 생명 활동을 하고 번식도 할 수 있지만, 바이러스는 스스로 살아갈 수 없는 생명체입니다. 늘 다른 생명체의 세포나 세균을 만나 기생충처럼 기생을 통해서 살아가고 번식하지요. 그 구조도 몹시 단순하여 단백질 껍질과 유전물질이 전부예요. 그래서 바이러스를 생물과 무생물의 중간으로 보는 의견도 있어요.

이런 바이러스들은 요즘 유명한 코로나 바이러스를 비롯해 대부분 병을 일으켜요. 동식물의 세포를 이용해서 번식하기 때문이지요. 감기 바이러스, 독감 바이러스, 홍역 바이러스, 수두 바이러스, 간염 바이러스 등 대부분 세균과 동식물에게 위협적이에요. 그러나 생물에게는 면역이라는 방패도 있으니 너무 걱정 맙시다.

수많은 생명을 살린 기적의 치료제, 페니실린

눈에 보이지도 않는 아주 작은 미생물이지만, 세균(박테리아)과 바이러스는 여러 가지 치명적인 병을 일으키는 원인이 됩니다. 하지만 불과 백여 년 전까지만 해도 세균이나 바이러스가 일으킨 병의 치료법이 전혀 없었습니다. 특히 전쟁 중에는 상처가 세균에 감염되어 수많은 사람이 목숨을 잃어야 했습니다. 그러던 어느 날 영국의 세균학자 알렉산더 플레밍은 실험 중 배양 접시를 열어 두는 실수를 저지릅니다. 그런데 배양 접시에서 푸른곰팡이가 자라

알렉산더 플레밍. (사진·위키피디아)

났고, 놀랍게도 그 주변에는 세균이 자라지 못했습니다. 플레밍은 이 우연한 발견을 더욱 연구하여, 1928년 푸른곰팡이에서 세균에 감염된 병을 치료할 수 있는 페니실린을 뽑아내는 데 성공합니다. 페니실린은 제2차 세계대전 때 엄청난 치료 효과로 수많은 사람들의 목숨을 살릴 수 있었습니다.

플라스틱

**많이 만들고, 많이 버려지고,
썩지 않기에 오랜 세월 동안
환경을 오염시키지요.**

플라스틱은 석유로부터 만들어져요. 석유 가운데 땅속에서 막 뽑아낸 것을 원유라고 부르는데, 그 원유는 나프타, 등유, 경유, 중유, 아스팔트 등이 섞인 혼합물이에요. 그중 나프타를 분리해서 열을 가하면 에틸렌이 나오는데, 이것이 바로 플라스틱의 원료예요. 한마디로 석유에서 플라스틱 원료를 뽑아내는 것이지요.

이제 이 에틸렌이라는 플라스틱의 원료로 공장에서 이런저런 물질과 합성을 하게 되는데, 에틸렌 분자를 여러 개로 이은 폴리에틸렌(PE)을 시작으로 폴리프로필렌(PP), 폴리에틸렌테레프탈레이트(PET), 폴리염화비닐(PVC), 폴리카보네이트(PC), 폴리스티렌(PS), 에틸렌초산비닐(EVA) 등등 수많은 종류의 플라스틱이 만들어져요. 플라스틱은 페트병부터 과자봉지, 비닐, 실내화, 스티로폼, 코팅 종이, 지우개, 그릇, 옷 등등 사용되지 않은 물건이 없을 정도로 널리 사용되고 있어요.

그러나 이렇게 편리한 플라스틱의 '단점'이 있으니 싸고, 가벼우며, 여러 모양으로 만들기가 쉽고, 썩지 않는다는 것이에요. 장점이 곧 단점인 것이지요. 여러 모양으로 만들기 쉬워서 많이 만들고, 가격이 싸기에 많이 버려지고, 가벼워서 물에 뜨기에 먼바다까지 떠내려가며, 썩지 않기에 오랜 세월 환경을 오염시키지요. 그렇게 바다로 흘러 들어가서 떠다니는 플라스틱이 모여 쓰레기 섬으로 불리는 곳이 있는데, 그 넓이가 남한 면적의 15배라고 해요.

우리 인류의 물질문명의 발달과 함께해 온 플라스틱이 이제 우리와 우리의 환경을 위협하고 있는 상황인 셈입니다.

내분비 교란물질(환경호르몬)

**우리 몸이 가짜 호르몬에 교란을 받으면
각종 질병에 시달리게 됩니다.**

'환경호르몬'이라는 말을 이해하려면 먼저 호르몬이 무엇인지 알아야 해요. 호르몬은 우리 몸이 만들어낸 화학물질로, 생물을 자라게, 번식하게, 유지할 수 있게 하는 물질을 말해요. 생식에 관련하는 호르몬, 심장 박동 수를 올리거나 내리는 호르몬, 오줌의 양을 조절하는 호르몬, 키와 근육을 키우는 성장 호르몬 등등 수많은 호르몬 종류가 있지요.

그럼 환경호르몬은 무엇일까요? 환경호르몬은 생물의 외부에서 만들어진 화학물질이 생물의 몸속으로 들어가서 마치 호르몬인 것처럼 활동하거나 방해하는 가짜 호르몬을 말해요. 환경호르몬이라는 말보다는 '내분비 교란물질' 또는 '내분비 장애물질'로 고쳐 쓰는 것이 좋다고 해요.

생명 현상에 매우 중요한 호르몬이 가짜 호르몬에 교란을 받으면 각종 질병에 시달리게 됩니다. 예를 들면 생식 기능이 나빠지거나 기형이 나타나지요. 몸이 자라는 데 방해를 받아 키가 크지 못하게 되기도 해요. 각종 암에 걸릴 확률이 높아지고, 아토피, 비염, 천식 등이 생길 수도 있어요.

이렇게 위험한 가짜 호르몬은 어디에서 온 것일까요? 그것은 인간이 편리함을 위해 만든 화학물질에서 비롯된 것입니다. 가장 많이 사용되는 것이 플라스틱이에요. 플라스틱에는 다양한 종류가 있는데, 폴리프로필렌(PP), 폴리에틸렌(PE), 폴리에틸렌테레프탈레이트(PET), 폴리카보네이트(PC), 폴리스티렌(PS), 폴리염화비닐(PVC) 등이 있어요. 이 중에서 PP, PE, PET 세 가지는 비스페놀A

라는 내분비 교란물질이 검출되지 않지만, PC, PS, PVC는 교란물질이 나와요. 특히 비스페놀A는 뜨거울 때 더 잘 나와서 뜨거운 음식이 PC, PS, PVC에는 닿지 않도록 해야 합니다.

  이 밖에도 플라스틱을 부드럽게 만들어 주는 프탈레이트 가소제 역시 내분비 교란물질이에요. 이것은 남성호르몬을 억제하여 생식기능을 교란해요. 고무줄이나 PVC 소재에 많이 쓰이지요.

  이런 내분비 교란물질을 멀리하는 방법은 친환경 표시와 KC(국가통합인증마크) 표시 제품을 사용하고, 플라스틱이나 종이컵, 컵라면, 화장품 등의 소재와 성분을 확인하여 피하는 방법밖에 없습니다.

UN 지속가능 발전 목표

**여러분이 살아갈 미래의 지구를 위해서
지금 당장 해야할 일들을 담고 있습니다.**

2015년에 'UN 지속가능 발전 목표에 대한 합의'라는 중요한 국제적인 약속이 이루어졌어요. 이 목표들은 '2030 지속가능 발전 의제'라고도 하지요. 환경 파괴와 기후 위기를 잘 이겨내고, 인권과 평화가 실현되는 지구촌을 만들기 위한 약속입니다.

이 목표들은 매우 중요해요. 바로 여러분이 살아갈 미래의 지구를 만들기 위해서 지금부터 당장 해야 할 일들을 담고 있기 때문이지요. 어쩌면 이 약속은 우리에게 주어진 마지막 기회가 될 수도 있을 거예요.

한국형 지속가능 발전 목표(K-SDGs). (자료·지속가능발전포털)

조금 더 자세히 들여다볼까요? 2030년까지 인간, 지구, 번영, 평화, 파트너십이라는 5개 영역, 17개 목표, 169개 세부 목표를 두고 이 목표들을 달성하기 위해서 각 나라마다 실정에 맞는 계획들을 세우고 실천하기로 했어요. 우리나라도 2018년에 한국형 지속가능발전 목표(K-SDGs)를 수립했어요(http://ncsd.go.kr).

하지만 말하고 약속하기는 쉽지만 실천하는 일은 무척 어려운 일이지요. 1997년 체결된 교토의정서에서도 매년 온실가스를 6~8% 줄이자고 약속했어요. 하지만 더 많은 석유와 석탄이 사용되었고, 공장은 더 많이 가동되었으며, 열대우림이 파괴되는 속도는 더 빨라졌어요. 온실가스는 더 늘어났고, 지구는 더 빨리 뜨거워지고 있어요.

우리나라의 경우만 하더라도 1990년 2억9천 톤이었던 온실가스 배출량이 2018년 7억2천 톤으로, 줄어들기는커녕 두 배 이상 늘어나서 세계적으로 '기후 악당'이라는 비난을 들어야 했어요. 오히려 이런 약속을 했으니 '우리는 지속 가능한 발전을 하고 있는 나라야, 기업이야'라고 말하며 자신들의 환경 파괴 행위를 감추는 용도로 쓰고 있다고 비난하는 이들도 있답니다.

 UN 지속가능 발전 목표를 달성하려면 국제기구, 국가, 지방정부, 기업, 시민사회단체, 환경단체, 개인 모두 예전보다 훨씬 더 큰 노력이 필요해요. 서로가 서로의 노력을 북돋우고 지속 불가능한 개발과 발전에 대해 철저히 감시하고 이를 막는 실천들이 있을 때 미래 세대인 여러분을 위한 지속 가능한 지구를 만들 수 있을 것입니다.

이 책의 지은이 소개

글쓴이

김한민
서울정릉초등학교에서 아이들을 가르치고 있어요. 학교와 마을에서 아이들과 더불어 '인권/생태/평화'를 지지하는 삶을 배우고 가꾸려고 노력하고 있습니다. 다른 선생님들과 함께 《얘들아, 인권공부하자》, 《초등학교 교사를 위한 인권교육길잡이》, 《그림책으로 만나는 인권교육》 등의 책을 썼습니다.

박철만
서울노원초등학교에서 아이들을 가르치는 교사예요. 대학교에서 초등교육과 국어교육을 공부하고, 대학원에서 환경생태를 공부했습니다. 그동안 쓴 책으로는 《산에 들에 피어요, 꽃》, 《반딧불이 환경만화》, 《지켜야 할 아름다운 지구》가 있어요.

이지연
서울금나래초등학교에서 일하고 있습니다. 어린이들이 나보다 더 행복한 삶을 살아갈 수 있는 세상이기를, 그리고 그 속에서 어린이들이 나보다 더 좋은 어른이 되어 주기를 꿈꾸며 어린이들과 하루하루 살아가고 있습니다. 어린이들과 사회에서 일어나는 일들을 같이 이야기하는 것에 관심이 많아요. 몇몇 선생님들과 함께 《주제통합수업》을 썼습니다.

전세란
북한산 산자락을 두른 서울유현초등학교에서 아이들을 가르치고 있어요. 아이들 대화에 끼어 의외의 모습을 발견하는 것을 반가워합니다. 고양이와 함께 살고 텃밭을 가꾸며 자연스러운 것에 대한 관심을 가졌습니다. '인권교육을 위한 교사 모임 샘'에서 선생님들과 함께 세상과 학교의 인권 현안에 대해 공부하고 고민을 나누고 있습니다.

정용윤

서울금나래초에서 학생들을 가르치고 있어요. 어린이의 발달에 관심이 많아 비고츠키 공부모임에서 여전히 공부하고 있습니다. 빈 그릇 운동, 자전거로 살기, 채식하기, 기타 치며 노래하기, 투수 해보기, 나무 깎기 등 몸으로 겪어 보는 일을 좋아합니다. 함께 쓴 책으로는 《얘들아, 인권공부하자》, 《비고츠키의 발달교육이란 무엇인가?》가 있어요.

홍경남

서울교육대학교를 졸업하였고, 2005년부터 18년 동안 아이들과 함께 삶을 보내고 있는 초등학교 교사입니다. 회복 탄력성 관련 연구로 학위를 받았으며, 학생들의 자아 정체성, 자존감, 관계 형성에 관심을 갖고 이를 학급 운영에 적용하고 있어요. 현재 서울신방학초등학교 4학년 아이들과 배려, 존중, 책임, 협동의 가치를 중심으로 교육을 이어나가고 있습니다.

그린이

김지하

대학에서 그래픽 디자인을 공부하고, 일러스트레이터로 활동하고 있습니다. 반려견과 함께 식물을 가꾸며 살고 있어요. 잡지 《어라운드》, 《매거진 B》, 《디렉토리》를 비롯하여 단행본 《발명으로 바다를 구할 테야!》, 《10대에 작가가 되고 싶은 나, 어떻게 할까?》, 《김변의 방과 후 법률사무소》 등의 다양한 책에 그림을 그렸습니다.

왜 천천히 읽기를 해야 하는가?

'천천히 읽는 책'은 그동안 역사, 과학, 문학, 교육, 지리, 예술, 인물, 여행을 비롯해 다양한 주제와 소재를 다양한 방식으로 펴냈습니다. 왜 천천히 읽자고 하는지 궁금해하는 독자들이 있어서 몇 가지를 밝혀 둡니다.

- '천천히 읽는 책'은 말 그대로 독서 운동에서 '천천히 읽기'를 살리자는 마음을 담았습니다. 천천히 읽기는 '천천히 넓고 깊게 생각하면서 길게 읽자'는 독서 운동입니다.
- 독서 초기에는 쉽고 가벼운 책을 재미있게 읽을 수 있는 방법으로 시작해야겠지요. 그러나 독서에 계속 취미를 붙이기 위해서는 그 단계를 넘어서 책을 깊이 있게 긴 숨으로 읽는 즐거움을 느낄 수 있어야 합니다. 그래야 문해력이 발달합니다.
- 문해력이 발달하는 인지 발달은 대체로 10세에서 15세 사이에 시작합니다. 음식을 천천히 씹으면서 맛을 음미하듯이 조금 어려운 책을 천천히 되씹어 읽으면서 지식을 넘어 새로운 지혜를 깨달을 수 있습니다.
- 독서 방법에는 다독, 정독, 심독이 있습니다. 천천히 읽기는 정독과 심독에서 꼭 필요한 독서 방법입니다.
- 빨리 많이 읽기는 지식을 엉성하게 쌓아 두기에 그칩니다. 지식을 내 것으로 소화하기 위해서는 정독이 필요하고, 지식을 넘어 지혜로 만들기 위해서는 심독이 필요합니다.
- 어린이들한테는 쉽고 가볍고 알록달록한 책만 주어야 한다고 생각하는 어른들이 있습니다. 그러나 독서력이 높은 아이들은 어렵고 딱딱한 책도 독서력이 낮은 어른들보다 잘 읽습니다. 그런 기쁨을 충족하지 못할 때 반대로 문해력도 발달하지 못하면서 책과 멀어지게 됩니다.

'천천히 읽는 책'은 독서력을 어느 정도 갖춘 10세 이상 어린이부터 청소년과 어른까지 읽는 책들입니다. 어린이, 청소년과 어른들(교사와 학부모)이 함께 천천히 읽으면서 이야기를 나눌 수 있는 읽기 자료가 되기를 바라는 마음에서 만들고 있습니다.